CURSO PRACTICO
DE QUIROMANCIA

LECTURA
DE MANOS

CURSO PRACTICO
DE QUIROMANCIA

LECTURA DE MANOS

Editado por

X.Y.Z.
EDITORA S.A.

Avenida San Juan 499, CP (1147), Buenos Aires, Argentina.

Prohibida su reproducción total o parcial.
ISBN 978-987-9472-05-7

Impreso en U.S.A.

*Dedico este libro a mis padres,
Rose y Harry, a mis maestros y
a todos mis discipulos que siguen
mis enseñanzas día a día.*

INTRODUCCION

Mientras estudiaba filosofía oriental en la Universidad de Calcuta un compañero de origen alemán se empezó a sentir cada vez más decaido y deprimido, él mismo no entendía por qué su estado de salud se había deteriorado tanto. Ante esta situación otro compañero de estudio insistió en llevarlo a un maestro experto en quiromancia para develar el misterio. El anciano observó sus manos durante unos minutos y le comunicó que su depresión se debía a que se aproximaba una desgracia en su familia que él podía evitar si lograba traer a sus padres a vivir con él a la India. Lo hizo sin dudar y semanas después la ciudad en la que vivían sus padres fue bombardeada quedando totalmente destrudia. Después de esta experiencia que me dejó paralizado por su realismo comencé a interesarme por la quiromancia y me contacté con aquel maestro que había consultado mi compañero para iniciar mis estudios en esta ciencia que, más tarde, me obsesionaría por su exactitud y no dejaría de investigar jamás.

Aunque actualmente existen numerosos libros sobre quiromancia, la diferencia que encontrará en esta edición es que hago un análisis profundo sobre todos los aspectos de la vida: desde el matrimonio hasta los hijos, la sexualidad, la personalidad y la interacción que existe entre las personas con diferentes tipos de manos.

Además, este libro está pensado especialmente para quienes quieren aprender a leer las palmas de las manos y poder vivir de esta magnífica profesión. Por eso encontrará una explicación pormenorizada de cada detalle que hay que tener en cuenta para una correcta lectura e interpretación. También lo guiaré en todo lo que debe tener en cuenta para una correcta relación con su paciente.

Este curso práctico de Quiromancia para aprender a leer las palmas de las manos (y vivir de ello) es un libro que se edita después de varias décadas de investigación y experiencia práctica para que usted pueda dar sus primeros pasos dentro de éste arte con mucho éxito. Espero que su lectura le resulte amena y, sobre todo, provechosa.

ALAN PINWOOD

CIUDAD DE CALCUTA, INDIA

JULIO DE 1975

CAPITULO 1

¿QUE ES LA QUIROMANCIA Y PARA QUE SIRVE?

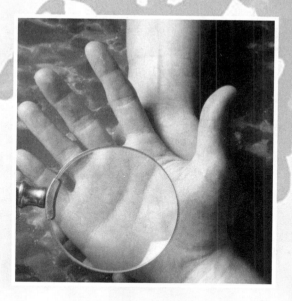

QUE ES LA QUIROMANCIA

L as manos de todas las personas esconden un secreto o muchos secretos. ¿Y quién puede decir, con absoluta sinceridad, que no le interesaría develarlos? Las líneas que surcan las manos, sus elevaciones y depresiones, la forma de los dedos, describen un mapa que en ningún otro ser se repite exactamente igual.

Hay una herramienta que puede develar ese misterioso mapa: LA QUIROMANCIA.

Quiromancia es la adivinación por medio de la lectura de las líneas de las manos. La palabra proviene del griego, y su significado es justamente:

---

khiros = mano, **manteia** = adivinación.

Algunos dicen que la Quiromancia es un arte, y quienes sostienen esto se basan en una realidad irrefutable: en el caso de la Quiromancia se necesita de un don especial. ¿Esto quiere decir que entonces sólo algunos pocos pueden llegar a develar el secreto de las líneas de las manos? De ninguna manera, sería injusto y apresurado pensar así. Este libro pretende acercar a todos los interesados dos elementos fundamentales para poder llegar a leer las manos: conocimiento y mucha práctica.

Para poder practicar la Quiromancia, primero hay que saber lo que significa cada dato escondido en la palma de las manos, y luego practicar muchísimo en base a esos conocimientos. Teniendo esos dos elementos (conocimiento y práctica) sólo falta agregar un tercer elemento para lograr resultados a través de la Quiromancia: la intuición. La intuición no la provee este libro, es algo que viene con cada uno. Pero a no desesperar, todos tenemos intuición, sólo que para algunos está algo adormecida y hay que ayudarla a despertarse. Justamente, un método muy efectivo para desarrollar la intuición es la práctica.

Pero no todo se reduce a la Quiromancia cuando se trata de estudiar las palmas de las manos, sus formas y sus líneas. Además de la Quiromancia existen otras dos disciplinas que se dedican al estudio de las líneas de las manos, éstas son la Quirología y la Quirosofía.

La Quiromancia, como ya dijimos anteriormente, es la adivinación por medio de las líneas de las manos. La Quirología es la disciplina que estudia científicamente las manos. La Quirosofía es el estudio teórico de las líneas de las manos. Por lo tanto se puede decir que la Quirología es la técnica científica, la Quiromancia el arte hermético y la Quirosofía se emparenta con el conocimiento y la mística.

La Quirología ya se encuentra mencionada en Las Leyes de Manú, el más antiguo código de la India, fundamento del derecho religioso y social, que se remonta al siglo XII a.C., y en los himnos védicos. Prácticamente todos los pueblos de la antigüedad conocían la Quirología. En Egipto, Caldea y las ciudades fenicias, esta disciplina estaba asociada con la cábala y la astrología. De Oriente pasó a Grecia, y posteriormente a Roma, desde donde se trasladó al resto de Europa. Pero fue recién en el medioevo cuando la lectura de las líneas de la mano alcanzaron mayor auge y, a raíz de la invención de la imprenta, empezaron a acuñarse numerosos libros acerca de la Quirología y sus capacidades adivinatorias. Durante el siglo XVI existieron muchos quirólogos importantes, entre ellos Della Porta y Cardan, que se ocuparon del estudio de la mano, principalmente de las líneas. En el siglo XVII, la Quirología gozaba de gran prestigio y respeto académico hasta el punto de formar parte de los planes de estudio de prestigiosas universidades alemanas de aquella época. Es justamente a partir de este siglo cuando se amplió el campo de estudio de esta ciencia: a la significación de las líneas se agregó el estudio de la forma de los dedos, la diferencia entre la mano izquierda y derecha, la importancia de las uñas, etcétera. Durante el siglo XIX la quirología se convirtió en una materia relacionada con otras ciencias superiores, tales como la psicología, la biología, y la medicina.

En este libro nos ocuparemos sólo de la Quiromancia. Y definida como el arte hermético que es, la Quiromancia es una ciencia oculta o esotérica, una de las ciencias ocultas más antiguas de la humanidad. Existen documentos de épocas muy lejanas que verifican que remotos emperadores se valían de este arte como instrumento de adivinación. Sin ir más lejos, hasta el mismísimo Buda fue reconocido líder a través de la Quiromancia.

PARA QUE SIRVE

Ahora, ¿cuál es la verdadera utilidad de este antiguo arte?

La Quiromancia ayuda al hombre a reconocer su propio destino. ¿Se puede modificar ese destino? ¿Para qué conocerlo si es algo ya dado? Si no hubiera nada por hacer, bastaría con sentarse debajo de un árbol a ver como corre la vida. La cosa no puede ser así. Conocer el destino con el que vinimos a este mundo puede ayudar para controlarlo, para que los procesos sean menos duros, para modificar lo que se puede(que puede ser mucho), y para aceptar lo que no se puede cambiar. Siempre es mejor saber que no saber.

¿Qué cosas podemos adivinar a través de la Quiromancia? Como primera medida, por medio de este arte se pueden conocer distintas particularidades de una persona. Por ejemplo:

● Todo lo relacionado con el área física del cuerpo:
La salud y la vitalidad.

● El mundo de las emociones:
El amor, el matrimonio y la sexualidad.

● Lo que tiene que ver con la psiquis de la persona:
La personalidad, el temperamento, el talento, la imaginación y la creatividad.

● Dónde se esconden las claves para **tener éxito en los negocios y en otras áreas, la fama y el reconocimiento público.**

LA AUTORREALIZACION

Este libro propone la siguiente metodología de trabajo:

1. Obtener los conocimientos básicos para aplicar esta ciencia. Esto lo encontrará en la **PRIMERA SECCION** de este libro.

2. Entrar en los aspectos prácticos en los que pueden verificarse estos conocimientos. Esto lo encontrará en la **SEGUNDA SECCION** de este libro.

3. Acercar al lector a una herramienta más, de la que no siempre se ocupan los libros de Quiromancia: las huellas dactilares. Esto lo encontrará en la **TERCERA SECCION** de este libro.

4. Una sección de acceso rápido que permita evacuar las dudas que vayan apareciendo durante la lectura. Esto lo encontrará en el índice.

CONCLUSION

Como ya dijimos, lo verdaderamente interesante de la Quiromancia es conocer el destino de uno mismo para poder cambiarlo o, por lo menos, para estar preparado para recibirlo.

Todas las ciencias ocultas o esotéricas, y en especial la Quiromancia, parten de la convicción de que el destino que está escrito puede ser cambiado. Quizás éste sea uno de los mayores desafíos personales que un hombre puede tener.

Y nunca debe olvidarse algo que es fundamental: para poder modificar el destino no basta sólo con desearlo, hay que hacer un profundo y verdadero cambio interior. El destino no se cambia desde afuera, sino desde lo más profundo del ser, desde el yo interior. Si la persona logra este cambio, el destino personal podrá sufrir modificaciones y ya no será el mismo que era antes del cambio interior. De esta forma, habrá logrado cambiar el destino trazado.

Ojalá la Quiromancia le sirva para ello.

CAPITULO 2

POR QUE LAS MANOS

L a Quiromancia se ocupa de las manos. ¿Por qué esta ciencia oculta estudia las manos y no cualquier otra parte del cuerpo? La respuesta es tajante: porque se considera que las manos son el instrumento mediante el cual se comunica el alma. Son su espejo, su reflejo. La mayoría de nuestros conocimientos llegan a nuestro cerebro por medio del sentido del tacto y de la vista. La mano tiene la misión de hacer llegar al cerebro las sensaciones corporales y las emociones que acompañan a esas sensaciones. Por lo tanto, las manos están íntimamente relacionadas con el cerebro y los ojos, y estos tres elementos trabajando en conjunto han hecho que el hombre se diferencie de las demás criaturas de la Tierra.

Las manos ayudan a las personas que no tienen la capacidad de hablar a poder comunicarse con otras personas. Además, las actividades más importantes se hacen con las manos. Se escribe con las manos. Se come con las manos. Se acaricia con las manos.

Hay señas que se realizan con las manos que tienen significados universales:

A	B	C	D	E	G	H	I

Las manos son un instrumento de comunicación por excelencia. La primera forma de lenguaje es la de las manos; los niños extienden sus manitas hacia lo que desean, chupan su dedo cuando tienen hambre, o se restriegan los ojos si tienen sueño, básicamente conocen el mundo a través de sus manos.

No existen dos manos iguales, ni siquiera las de una misma persona. Habitualmente uno puede reconocer a una persona cercana por sus manos.

Y las manos son fundamentales desde el punto de vista de la especie, del ser humano. ¿Por qué? Porque entre otras cosas, las manos son la característica física más sobresaliente por la cual el hombre se diferencia de los demás seres vivientes. Y uno de los dedos de la mano es el que marca la mayor diferencia entre especies cercanas.

La diferencia más importante es que el hombre tiene los pulgares separados de los otros dedos, que son flexibles y que tienen movilidad propia. Esta es la característica física que separa al hombre del animal más cercano a él, el mono. Otro factor de importancia son los dedos largos ya que su lingitud con relación a la palma de la mano es mucho mayor que en el resto de los animales.

En descubrimientos realizados en antiquísimas cavernas se encontraron pinturas de las manos en las paredes, estas pinturas rupestres llevan a pensar que eran un símbolo de suma importancia en ese entonces. Ellas simbolizaban la imagen de la persona, eran su sello, su firma. Hoy, de alguna manera, lo siguen siendo.

Por otro lado, es sabido que en las ciencias ocultas el hombre representa el microcosmo del universo (macrocosmo). El hombre está representado por la estrella de cinco puntas, con lo cual quedan representados la cabeza, los dos brazos y las dos piernas.

Si se traslada este concepto a la mano, se pude decir que es como el hombre en el microcosmo, quedando representado de esta forma, el pulgar más los cuatro dedos. De esta manera queda representada la estrella de cinco puntas.

Por todo lo mencionado anteriormente, no debe de extrañarnos de ningún modo que se pueda adivinar toda una vida mirando simplemente la palma de una mano.

MANO DERECHA, MANO IZQUIERDA

¿Es lo mismo observar la mano derecha o la mano izquierda? Por supuesto que no. A simple vista puede notarse que ambas manos difieren sustancialmente en cualquier persona que observemos.

Antiguamente se creía que la mano que debía tomarse en cuenta para estudiar sus líneas era la izquierda. Y se fundamentaba que esto era así porque la izquierda es la mano más cercana al corazón.

Esta teoría proviene de la Edad Media, y tiene una cierta base científica ya que el corazón es un órgano vital y de cuya importancia no hace falta hablar; pero sin dudas la teoría que considera a la mano izquierda más apta para la lectura por su cercanía con este órgano, tiene una gran dosis de superstición que sería bueno alejar de la Quiromancia. Por otra parte, muchos autores llaman la atención sobre el hecho de que la mano derecha (en el caso de los diestros) está mucho más desarrollada en cuanto a músculos y nervios.

¿Que mano debemos observar entonces? Nosotros apoyamos la teoría de que la mano izquierda representa al pasado, o más aún, que representa lo que viene dado con la persona cuando nace, lo que trae al mundo. Y que la mano derecha representa el futuro y lo que la persona fue modificando a lo largo de su vida de ese bagaje original con el que nació. Cuanto más haya modificado la persona, más diferirá la mano derecha de la izquierda.

Esta teoría de pasado y futuro surge de años de observación y comprobaciones empíricas, pero también tiene una base científica: la mano izquierda está relacionada con el hemisferio cerebral derecho, donde residen los recuerdos, y la mano derecha con el hemisferio cerebral izquierdo, donde se alojan nuestras facultades racionales y lógicas.

En resumen si uno quiere hacer un trabajo consciente de lectura de las manos, debe observar detenidamente ambas manos, para poder concluir que hechos fundamentales del pasado afectaron a la persona (mano izquierda en los diestros, mano derecha en los zurdos), cómo la persona fue modificando su personalidad y circunstancias a lo largo de su vida, y cómo será su futuro (mano derecha en los diestros, mano izquierda en los zurdos).

• **NOTA:** tener en cuenta que en el caso de zurdos el análisis es exactamente al revés).

CAPITULO 3

LO QUE HAY QUE SABER ANTES DE COMENZAR

M ás allá del estudio, esfuerzo y dedicación que uno pueda darle al tema de la Quiromancia, hay personas que tienen un
don especial para realizarla. Y éste se encuentra, también, representado
por una línea en la palma de la mano.

Quien quiera practicar esta ciencia oculta, posea o no el don mencionado anteriormente, debe tener en cuenta lo siguiente: para poder ejer-
citar la Quiromancia es muy importante ser una persona observadora, ya
que todo se basa en ello. Pero antes de comenzar a leer las líneas de las manos hay otros factores, no menos importantes, que deben ser analizados.

1
LA ACTITUD DE LA PERSONA CON RESPECTO A LAS MANOS

Hay que saber observar qué hace una persona con sus manos cuando no está utilizándolas en una tarea específica. Puede ser que la persona en cuestión hable gesticulando con las manos. Pero también hay quienes las mantienen en los bolsillos, así como quienes no pueden mantenerlas quietas un instante y las tienen todo el tiempo en continuo movimiento.

2
EL COLOR DE LAS PALMAS

Las palmas de las manos pueden ser de distintos colores; algunas son blancas pálidas, otras son rosadas, rojas fuertes o amarillentas.

• Las rojas pertenecen a personas de temperamento activo. Son seres nerviosos, que difícilmente puedan estar sin moverse. También son muy pasionales.

• El color amarillento es signo de una personalidad dedicada a la intelectualidad, son personas muy cerebrales. Su principal característica es su curiosidad innata, convirtiéndolos en fanáticos o sabios.

• El color claro es propio de las personas que se encuentran atrapados en el mundo material. En general, no se destacan ni por su fuerza de voluntad ni por su carácter. Aman el lujo, las comodidades que el dinero puede brindar y disfrutan mucho del sexo.

3
EL TAMAÑO

Las manos pueden ser grandes, medianas, o pequeñas y tienen que guardar cierta relación con el cuerpo, cuando esto no ocurre se puede observar a simple vista. Pero a pesar de que algunos autores dan ciertas relaciones que deben tener las manos con respecto a la cara del ser humano, es en este caso la experiencia la herramienta utilizada para poder realizar una clasificación.

•**Grandes:** indican personalidades dedicadas al análisis, meticulosas, de movimiento lento, pero seguro. En este caso el cerebro domina al corazón. Son personas pacientes, amantes del orden, muy meticulosos y muy buenos oyentes. Cuando tienen que tomar una determinación son lentos, ya que tienen en cuenta hasta la última posibilidad, pero cuando se definen, la decisión es irrevocable.

• **Mediana:** pertenece al tipo de persona que tiene muchas habilidades, pero que no se destaca por ninguna en especial.

•**Pequeña:** es propia de una personalidad espontánea, que posee una gran dosis de intuición. Son personas poco detallistas, muy activas e impulsivas.

4
LA FORMA DE LAS MANOS Y LOS DEDOS

Se diferencian en cinco grupos según su forma:
1) **Cónicas:** con forma de cono.
2) **Cuadradas:** con forma de cuadrado.
3) **Espatuladas:** con forma de espátula.
4) **Puntiagudas:** con forma en punta.
5) **Las Mixtas:** combinan dos a más de las formas anteriores, sin prevalecer una sobre las otras.

5
LA FORMA DE SALUDAR

A la hora del saludo, cada persona aprieta la mano de quien está frente a él con distinta intensidad y modo. Podemos decir que hay muchas maneras de hacerlo, puede ser:

• *de manera fuerte y firme.*
• *suave y delicada.*
• *firme y delicada a la vez.*

6
LA TEMPERATURA

Las manos tienen diferente temperatura. Veamos:

•**Calientes:** denotan un espíritu apasionado, ardiente. Son personas que tienen como principal interés en la vida al amor.

•**Frías:** significa que el cerebro gobierna el corazón. Estas personas saben dominar sus pasiones hasta en los momento más difíciles.

•**Húmedas:** se clasifican en dos, las que siempre están húmedas y las que sólo en ocasiones se encuentran húmedas. Una persona que tiene constantemente húmedas las manos dispone mala circulación sanguínea; esto hace que tenga movimientos lentos, sean emotivas y que sienten pasión por lo desconocido. Los que tienen las manos ocasionalmente húmedas, son seres muy nerviosos y emotivos. En general, en estos casos, las manos se tornan húmedas ante situaciones de tensión o ansiedad.

• **Secas:** corresponden a individuos que, por lo general, sufren de trastornos nerviosos. En ellos la mente domina al corazón, y saben dominar sus emociones.

Hay que estar muy atento si uno quiere iniciarse en la Quiromancia, ya que todas estas características surgen de la aguda observación que se le realiza a las manos en una persona y a sus actitudes. Al principio es muy difícil poder clasificarlas correctamente, pero con la práctica el universo de manos que pasan frente a uno se agranda y se va haciendo cada vez más fácil definir las distintas características y categorías.

MANOS VACIAS Y MANOS LLENAS

Si en lugar de tomar las manos en su conjunto nos concentramos en sus líneas, las manos se pueden clasificar en: manos llenas o manos vacías.

Las llenas son aquellas que tienen infinidad de líneas y símbolos, mientras que las vacías solamente tienen las líneas principales.

Las vacías pertenecen, en general, a personas de temperamento tranquilo. Mientras que las manos llenas pertenecen a personas nerviosas. En general quienes que poseen manos llenas, con un gran número de intrincadas líneas, son propensas a sufrir enfermedades de tipo nerviosas, y más comúnmente padecen estrés.

Todos estos datos y características son muy importantes para poder complementar una correcta lectura de las líneas de las mismas.

CONSEJOS PRACTICOS A LA HORA DE PRACTICAR LA QUIROMANCIA

Es importante tener en cuenta algunos aspectos más pragmáticos relacionados con el espacio donde se realizará la adivinación, la luz, dónde ubicar a la persona, etcétera. Es aconsejable tener en cuenta los siguientes puntos para realizar una buena lectura:

1. Comodidad

Se deberá tener una mesa donde las dos personas puedan ubicarse en forma cómoda. Si la persona frente a uno está incómoda se encontrará preocupada por otras cosas y esto influirá en la lectura adversamente.

2. Ubicación

Deberá haber dos sillas, en las cuales las dos personas se puedan sentar junto a la mesa. Las sillas deben estar colocadas una frente a otra. Es muy apropiado que quien observe pueda tener no sólo una adecuada visión de las manos sino también del rostro y los ojos de la persona observada. El conjunto puede ayudar en la adivinación y lectura.

3. Iluminación

Tiene que haber una buena iluminación y la luz deberá estar alumbrando la mano, de forma tal que se pueda distinguir claramente todas las líneas. Hay signos y marcas muy pequeños (estrellas, cuadrados, rayas, tramados), que sólo pueden distinguirse con una luz adecuada.

4. Posición

La persona a la que se le realizará la lectura deberá sentarse y colocar las manos encima de la mesa.

5. Elementos de ayuda

Un consejo muy útil es tener una lupa, de manera tal de poder ver algunos signos muy pequeños que pasarían inadvertidos a simple vista (para reforzar el punto 4).

También hay otros puntos interesantes para tener en cuenta, que hacen a cómo observar las manos en una primera aproximación. Veamos:

Palmas hacia arriba

En un primer momento es aconsejable que la persona coloque sus manos con las palmas hacia abajo. Haciéndolo de esta forma se podrán observar las primeras características a tener en cuenta que son: la forma de la mano y los dedos, el color, etcétera.

Palmas hacia abajo

Luego de haber estudiado bien todas las primeras características, se le debe pedir a la persona que dé vuelta las manos, colocando a partir de ese momento las palmas hacia arriba.

Zurdo o diestro

Se deberá preguntar si es diestro o zurdo. Este es un dato muy importante a tener en cuenta, ya que así se sabe cuál es la mano activa, o sea con la cual escribe y maneja con más habilidad. ¿Por qué es tan importante diferenciar la mano activa de la que no lo es? Se dice que en la activa se encuentra representado el futuro, mientras que en la otra queda representado el pasado (Ver capítulo 2, Mano derecha, Mano izquierda).

Recién después de tomar en cuenta todos estos puntos se podrá dar comienzo a la lectura. Por último hay que saber que la lectura de las líneas de una mano debe realizarse **de abajo hacia arriba**, es decir, comenzando por la muñeca y culminando por los dedos.

Pero antes de finalizar este capítulo es muy importante dejar una reflexión que va mucho más allá de toda técnica y que tiene que ver con la responsabilidad que implica adivinar el futuro a otra persona, sea a través de las líneas de las manos o cualquier otra ciencia esotérica. Si se considera que uno no se encuentra todavía suficientemente preparado para realizar esta tarea, hay que tomar conciencia de la influencia que puedan tener nuestros dichos sobre los demás, y ser lo suficientemente responsables como para no realizar ningún tipo de adivinación hasta no sentirse completamente seguro.

Por lo general, a todas las personas les gusta que les lean las manos porque ello implica que les adivinen el futuro. Pero si nos encontramos con alguien que no quiere someterse a esta adivinación, que se niega a que le predigan su futuro, que prefiere no saber, es una regla de oro fundamental respetar su deseo y no forzarlo de ninguna manera, ya que en general esa resistencia responde a miedos internos inconmensurables.

CAPITULO 4

LAS FORMAS DE LAS MANOS

L a observación de diferentes manos a lo largo de siglos permite clasificarlas en grupos. Veamos:

1- Mano Elemental.
2- Mano Cuadrada.
3- Mano Espatulada.
4- Mano en punta o Puntiaguda.
5- Mano Cónica.
6- Mano Mixta.

1- MANO ELEMENTAL

- ● Trabajador.
- ● Inteligencia muy básica, pero práctica.
- ● Poco intelectual.
- ● Realista.
- ● Hiere a los demás por ser demasiado natural.
- ● Es feliz con lo que tiene.

Características: es ancha con dedos cortos y gruesos, fuerte, bastante rígida y de piel gruesa. Es la típica mano de un trabajador. Posee un dedo pulgar de corto tamaño y de gruesa dimensión.

Personalidad: son inteligentes y realistas. No es un intelectual y se dedica a trabajos artesanales. Se conforman con lo que tienen y nunca obtienen grandes éxitos. Pero, tampoco los ansían. Son felices porque se contentan con lo que tienen.

2- MANO CUADRADA

- ● Muy ordenado, metódico y rutinarios.
- ● Incansable trabajador.
- ● Respeta la autoridad, la ley y el orden.
- ● Hogareño.
- ● Falta de imaginación.

Características: se la reconoce, tal como lo indica su nombre, porque su palma es de dicha forma.

Personalidad: son muy ordenados y metódicos se los puede considerar "animales de costumbres". Aman el hogar y se sienten seguros y tranquilos en él. Respetan la autoridad, la ley y el orden. Son fieles en los afectos y honrados en los negocios. Perseverantes, prácticas y trabajadores. Poseen un carácter fuerte y mucha voluntad. Su problema es la falta de imaginación. Este grupo prefiere las ciencias exactas.

3- MANO ESPATULADA

- ● *Gran confianza en sí mismo.*
- ● *Seguro.*
- ● *Le gusta la opulencia.*
- ● *Muy intuitivo.*
- ● *Egoísta.*

Características: su palma es ancha a la altura de la muñeca o en la base de los dedos. Son manos grandes con dedos largos, bien formados que terminan como espátulas.

Personalidad: tienen una gran confianza y seguridad en sí mismos. Son personas de acción, osados en sus actos e inquietos. Esto los lleva a tratar de aumentar sus riquezas ya que les gusta la opulencia. Son intuitivas. Su defecto es que son muy egoístas.

4- MANO EN PUNTA O PUNTIAGUDA

- ● *Gran imaginación.*
- ● *Fantasioso.*
- ● *Poco sentido de la moral.*
- ● *Cambiante en el amor y en la amistad.*
- ● *Muy intuitivo.*
- ● *Demasiado soñadores.*

Características: es la más bella de todas y se la llama mano Aristocrática. Fina, con largos y delgados dedos.

Personalidad: poseen imaginación con una gran dosis de fantasía e inteligencia. No tienen sentido de la moral, por eso cambian continuamente de idea y les resulta difícil ser fieles, tanto en el amor como en la amistad. Son intuitivos, pero soñadores y con poco sentido práctico, lo que los lleva a cometer errores. Si esta mano es de alguien inteligente, seguramente será un artista o un escritor.

5- MANO CONICA

- **Mucha razón.**
- **Gran intuición.**
- **Impulsivo.**
- **Creativo.**
- **Nunca termina lo que empieza.**
- **Prefiere la vida tranquila.**
- **Ama la belleza.**
- **Sedentario.**
- **Realista.**

Características: tiene forma de cono y sus dedos terminan en forma de almendra. Es un intermedio entre la Cuadrada y la Puntiaguda.

Personalidad: poseen grandes dosis de razón, intuición y realismo. También son impulsivas, imaginativas y creativas. El principal defecto es que se cansan enseguida de todo, con lo cual nunca terminan lo que empiezan y no llegan demasiado lejos. Prefieren la vida tranquila al lujo, pero necesitan que todo lo que les rodee sea bonito. Son seres estéticos por naturaleza, muy tranquilos y sedentarios.

6- MANO MIXTA

- **Sensible.**
- **Mente rápida.**
- **Muchos talentos.**
- **Gran inestabilidad.**

Características: es la más difícil de descubrir porque no está dentro de las anteriores y sus dedos son diferentes entre ellos.

Personalidad: pertenece a una persona con grandes ideas, de naturaleza sensible, que posee una mente inteligente y rápida. Tienen grandes talentos y de hobbies. ¿Y qué de sus defectos? El peor es su gran inestabilidad, lo que hace que rara vez terminen lo que empezaron.

CAPITULO 5

LOS DEDOS

L os dedos de las manos están formados por tres falanges, la falange ungular o primera falange, la falange media o segunda
falange, y la última denominada tercera falange. Los dedos de la mano
revisten una vital importancia para la Quiromancia.

Cuando una persona que pretende dedicarse a esta ciencia oculta
observa una mano, en lo primero que debe prestar atención es en los dedos. El observador deberá evaluar si son dedos largos o cortos, finos o
gruesos, proporcionados con la palma de la mano, etc. Todos estos datos
son importantes ya que cada uno de ellos tiene un significado especial.

Los dedos pueden ser cortos o largos

Los dedos se pueden clasificar según su longitud, independientemente del tamaño de la mano, en: cortos, medios o largos.
Pero ¿cómo saber a qué llamamos largo, corto o normal? Se dice que los dedos son largos cuando el más largo de la mano (en general el Mayor) es tan largo como la palma de la mano. En cambio, los dedos normales ocupan un sexto o un séptimo de la palma de la mano. Y, por último, los dedos cortos son los que son más pequeños que los normales.

1. Dedos cortos

Cuando los dedos de la mano son cortos, es signo de una persona de pensamientos rápidos. Son personas de temperamento impulsivo, no les interesa los detalles ni son minuciosos. Para ellas lo importante es hacer. Obran y luego piensan. Son impacientes por naturaleza, y no les gusta esperar en ninguna índole de la vida.

2. Dedos largos

Los dedos largos son una característica de gran capacidad para el pensamiento abstracto. Son personas detallistas y muy observadoras. Minuciosos y reflexivos. La razón domina sus vidas. En algunos casos tanta reflexión se puede convertir en defecto, ya que a veces son lentos.

Dedos finos o gruesos

Según el ancho que tengan los dedos, éstos se pueden clasificar en finos o gruesos. No hay una proporción tan clara como la anterior. Por eso habrá que valerse de la observación y comparación con dedos de otras manos, así como en la proporción de los dedos de esa mano en cuestión con el resto de la mano del observado. La práctica permitirá la comparación de diversas manos. Es cuestión de experiencia.

Se puede decir a grandes rasgos que:

- *Cuando los dedos son gruesos, la persona tendrá mucha energía y vitalidad.*

- Cuando los dedos son finos, la persona será gobernada por el intelecto.

TERCERA CLASIFICACION
Dedos nudosos o lisos

Por último existe una clasificación en base a la forma de los dedos y sus irregularidades. Teniendo en cuenta este punto, podemos clasificar a los dedos, en nudosos o lisos. Los nudosos son los que tienen los nudillos muy bien formados, y los lisos son aquellos en que los nudillos no se notan mucho.

1. Dedos nudosos

Los nudillos son las formaciones que aparecen en los dedos en la divisiones entre falange y falange. Cuando esa formación es sobresaliente se denomina nudo, o nudillo. Se puede decir que si existe un nudo entre la primera y la segunda falange, existirá también un nudo entre la segunda falange y la tercera. En cambio, cuando existe un nudo entre la segunda falange y la tercera, no necesariamente existirá un nudo entre la primera y segunda falange.

Las personas que tienen dedos con nudillos bien formados disponene de una gran capacidad de análisis, poseen un temperamento crítico y son dueños de un carácter poco sociable. Son personas escépticas, para ellos la intuición no existe. La razón conduce sus vidas. Ellas logran grandes éxitos en la vida gracias a su perseverancia.

2. Dedos lisos

Los dedos lisos son aquéllos en los cuales no aparecen nudos entre falange y falange. Estas personas son poseedoras de una intuición fuera de lo común y gozan de una gran inspiración. Pasan de la euforia de un día a la tristeza del siguiente, su humor es cambiante, aunque son alegres. Personas muy ordenadas y defensoras de la paz a cualquier precio.

LOS DEDOS
Y SU RELACION CON LOS PLANETAS

La mano está formada por cinco dedos, y éstos tienen diferentes nombres. Además de los nombres usados vulgarmente, en Quiromancia cada dedo lleva el nombre de un planeta diferente:

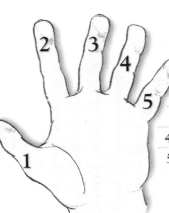

1- El dedo Pulgar o dedo de Venus.

2- El dedo Indice o dedo de Júpiter.

3- El dedo Mayor o dedo de Saturno.

4- El dedo Anular o dedo del Sol.

5- El dedo Meñique o dedo de Mercurio.

LOS DEDOS
Y SUS DIVERSAS FORMAS

Tal como vimos en el caso de las manos, los dedos se clasifican según sus diferentes formas. Es así que podemos hablar de:

1. Dedos Cónicos.

2. Dedos Espatulados.

3. Dedos Cuadrados.

4. Dedos Puntiagudos.

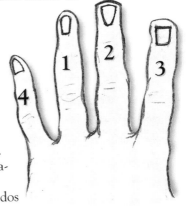

En general, la forma de la mano guarda relación con la forma de los dedos. Una mano Cuadrada tendrá dedos Cuadrados; una mano Puntiaguda tendrá dedos Puntiagudos; una mano Cónica tendrá dedos Cónicos. Pero hay manos que tienen una mezcla de dedos de diversas formas, éstas son las que se denominan manos Mixtas.

También puede darse el caso que una mano de una determinada forma posea dedos de diferente forma. Por ejemplo una mano cuadrada puede tener dedos espatulados, o cónicos.

1- El dedo Cuadrado

El dedo cuadrado denota una gran dosis de realismo, y una actitud totalmente concreta y con los pies en la tierra. Todas estas características dependerán de cual sea el dedo cuadrado, ya que se darán en el área de la vida que dicho dedo controle. Las personas con este tipo de dedo (siempre teniendo en cuenta el área que ese dedo afecta) son a las que les cuesta fantasear o imaginarse cosas que no partan de datos concretos.

2- El dedo Puntiagudo

Denota un gran sentido artístico en el área especial que controle dicho dedo. Puede estar relacionado con distintas manifestaciones artísticas, pero siempre inmerso en una gran apreciación de lo estético. Su característica principal es el goce de la belleza.

3- El dedo Espatulado

Significa inventiva en el área en particular que controle dicho dedo. Estas personas poseen una gran predisposición al pensamiento lateral, no clásico, son las que resuelven problemas de una forma diferente al resto, pero generalmente más efectiva, y siempre en forma más creativa.

4- El dedo Cónico

Característica de una gran imaginación en el área en particular que dicho dedo domine. Suelen ser muy fantasiosas (en el área que ese dedo afecte) y en ocasiones esto se vuelve en su contra, ya que pierden el sentido de lo concreto.

OTRA CLASIFICACION
Dedos rectos o inclinados

Otra característica es la rectitud o inclinación de los dedos. Un dedo puede ser recto o estar inclinado hacia el dedo contiguo a él.

Dedos rectos

Denotan que quien los posee, tiene una personalidad directa, sin vueltas. Es decir, son frontales, honestos y de mente clara. En Quiromancia, lo ideal es que los dedos sean rectos.

Dedos inclinados

Cuando un dedo está inclinado hacia otro, denotará características propias del dedo hacia el cual se inclinó. Por ejemplo, cuando el dedo del Sol (dedo anular) se inclina hacia el dedo de Saturno (dedo mayor) significa que la persona es inmadura emocionalmente, y que sueña con el amor ideal.

DEDOS JUNTOS Y SEPARADOS

Otra característica a tener en cuenta es si al levantar la mano, los dedos se juntan o permanecen separados.

Dedos juntos

Si se juntan significa que la persona tiene una personalidad retraída, con tendencia al engaño, y que es muy celosa de sus cosas.

Dedos separados

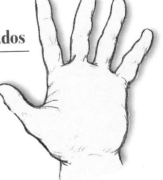

Si permanecen separados, es signo de una persona de espíritu abierto, de personalidad generosa y carácter extrovertido.

CAPITULO 6

EL DEDO PULGAR O DEDO DE VENUS

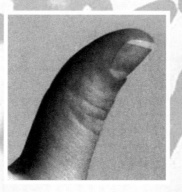

E l dedo Pulgar o dedo de Venus merece un capítulo destacado. y es considerado el más importante de la mano.

El ser humano es el único poseedor de este dedo con sus cualidades dentro de este planeta. Los monos, el animal más cercano al hombre en la evolución, tiene un pulgar, pero con características totalmente diferentes a las del hombre: no posee las mismas posibilidades de movimiento ni independencia de los otros dedos.

Algunos dicen que el hombre que no posee un buen pulgar no es un humano. No es adecuado ser tan terminante, hay personas que por un accidente de trabajo han perdido este dedo, y no por ello son menos hombres. Pero sí es cierto que el pulgar es símbolo de evolución de la especie, y quien lo ha perdido accidentalmente lo nota y sufre mucho más que si fuera cualquier otro dedo.

El pulgar es tan importante que de él se obtienen las huellas dactilares, con las cuales se puede identificar a una persona.

¿Qué debemos observar cuando evaluamos un pulgar? Cuanto más largo y desarrollado sea, mayor será la inteligencia y cuanto más corto y deforme, menor será la inteligencia. Otra característica es la flexibilidad o rigidez. Como en el resto de los dedos, también el Pulgar puede tener diferentes formas. La clasificación es la siguiente:

1- Dedo Pulgar en Punta.

2- Dedo Pulgar Cuadrado.

3- Dedo Pulgar Espatulado.

4- Dedo Pulgar Cónico.

1- DEDO PULGAR EN PUNTA

. Seres brillantes y muy imaginativos.
. Pueden llegar a estar muy alejados de la realidad.

Pertenece a las personas con grandes y brillantes ideas. Gente con ardiente imaginación que se pasa la vida ideando planes. Pero esta virtud, a veces, se vuelve en su contra, cuando es excesiva y no deja concretar nada de lo proyectado por disparatado o alejado de la realidad. El mayor defectoes que rara vez los ponen en práctica.

2- DEDO PULGAR CUADRADO

. Enorme capacidad de razonamiento.
. Gran voluntad y constancia.

Pertenece a una persona con gran capacidad de razonamiento. Suele ser investigadora y meticulosa. Tienen una gran fuerza de voluntad y constancia. Esta virtud, sumada a su capacidad de razonamiento, les hace concretar con efectividad lo que se proponen. Puede que les lleve tiempo, pero lo logran. Este dedo es de personas exitosas en los negocios.

3- DEDO PULGAR ESPATULADO

. Inquietos y con mucha energía.
. Dispersos, poca concentración.

Pertenece a alguien inquieto, poseedor de una gran energía. Nunca están quietos. Su gran defecto es la poca capacidad de observación y de escuchar; y por otra parte, en su afán por abarcar mucho terminan no haciendo nada. Les cuesta elegir , su objetivo es picotear en una y otra cosa mientras no les aburra. Luego la abandonan y cambian por otra.

4- DEDO PULGAR CONICO

. Gran mediador, crítico y negociador.
. Usan su capacidad para ayudar a los demás.

El dedo Pulgar Cónico pertenece a un gran mediador, es una persona de naturaleza crítica y juzgadora. Estas personas saben negociar, ceder para conseguir, arbitrar, lograr consenso entre las partes. Se diferencian del dedo pulgar cuadrado que busca más bien aplicar estas características de racionalidad y voluntad en beneficio propio. Les gusta mediar, conciliar, negociar para otros, llegar a acuerdos.

TAMAÑO

Puede ser de tamaño corto o largo. Cada uno de ellos denota distintas características. Se considera que es corto cuando juntándolo con la mano no llega a la tercera falange del dedo Indice.

1- Dedo Pulgar corto

. Soñadores, sensibles, débiles.
. Suelen estar dominados por los otros.

Son soñadores, de espíritu sensitiv y de carácter débil. Prefieren obedecer a mandar. Les cuesta imponerse. Están dominadas por los sentimientos antes que por la razón. Los gobierna su corazón antes que su cerebro. Por lo general, no se destacan por su inteligencia.

2- Dedo Pulgar largo

. Energía, fuerza de voluntad.
. Nacieron para mandar.

Es unsigno de energía, denota fuerza de voluntad. Estas

personas nacieron para mandar y se destacan por su inteligencia.

Cuando el dedo Pulgar es demasiado largo, significa que es de temperamento tirano. Por lo general son personas difíciles para quienes lo rodean, porque rara vez aceptan la voluntad de los demás.

● **Otra clasificación:** *El dedo Pulgar puede ser rígido o flexible.*

Es rígido cuando mirándolo de perfil tiene forma recta, y no puede doblárselo hacia atrás.

Es flexible, cuando mirándolo de perfil forma un arco hacia atrás, y además se lo puede doblar para atrás.

1- Dedo Pulgar flexible

. Gran corazón, sensibles, buenos amigos.
. Se adaptan fácilmente a los cambios.

Denota una personalidad de gran corazón. En general, se trata de individuos muy sensibles, poseedores de un espíritu muy generoso. Estas características hacen que se puede confiar ampliamente, sin temor a equivocarse. Son transparentes y buenos amigos.

Otras de las características de quienes tienen este tipo de dedos pulgares, es que se adaptan rápidamente a diferentes ámbitos o situaciones de la vida. Los cambios no les afectan porque pueden adaptarse con facilidad a nuevas circunstancias, lugares opersonas.

Además, quienes pertenecen a este grupo, no son agresivos y si hay algo en la vida que no les interesa, eso es buscar o meterse en problemas. A veces, esto se vuelve en su contra porque en ocasiones prefieren perder antes que pelear. En general se los va a encontrar mediando en algún problema, para que éste no llegue a mayores.

Tienen también una gran capacidad de observación, lo que es sin duda muy útil si se quieren dedicar a la Quiromancia. En estos individuos dominan los sentimientos sobre la cabeza. Se podría decir que las personas que tienen Pulgar flexible, son personas "flexibles".

2- Dedo Pulgar rígido

. Carácter fuerte y firme, exitosos.
. Ideas difíciles de cambiar.

Después de lo visto más arriba es fácil deducir que, por definición, el dedo Pulgar rígido es lo opuesto al anterior. Las personas con Pulgar rígido son ambiciosas. Tienen un carácter fuerte y son exitosos en todo lo que se proponen. Están dominados por la cabeza. Piensan todo desde ellos y esto hace que parezcan egoístas o desconsiderados. Sus ideas son difíciles de cambiar y siempre ganarán en una discusión. Se podría decir que quienes tienen el dedo Pulgar rígido son "rígidas".

LA POSICION DEL PULGAR
DENTRO DE LA MANO

Otro dato importante a tomar en cuenta es la posición del pulgar en la mano, es decir, el ángulo que forma con la palma cuando la mano está abierta. Este ángulo es denominado Angulo de Generosidad. La distancia que queda determinada entre la mano y el dedo Pulgar es conveniente que sea razonable, ni muy grande ni muy chica.

Teniendo en cuenta ese ángulo que se forma entre el dedo Pulgar y la palma de la mano, hay tres posibilidades:

1- Angulo cerrado.
2- Angulo intermedio.
3- Angulo recto.

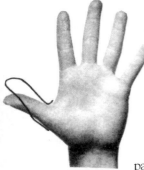

1. Angulo cerrado

La característica más sobresaliente de la personalidad es el egoísmo. Son tacaños con el dinero, de carácter frío. Piensan en ellos, en sus cosas y en lo que lo afecta.

2. Angulo intermedio.

Cuando el ángulo que forma el dedo Pulgar con la palma de la mano es amplio, es lo que se llama "ángulo de generosidad". Esto revela que el individuo es un ser generoso e independiente. Es una persona agradable, con la que da gusto estar, y en la que se puede confiar.

3. Angulo recto o más que recto.

Cuando el ángulo que forma el dedo Pulgar con la palma de la mano es demasiado amplio, la persona en cuestión es de temperamento antisocial. Es alguien que hace lo que quiere cuando quiere, le es muy difícil relacionarse con otras personas, son solitarios.

FALANGES DEL DEDO PULGAR

Se divide en tres secciones llamadas falanges.

• La primera corresponde a la primera falange, la superior, la punta de los dedos donde están las uñas y yemas. Justamente por esto suele llamarse falange ungulada, ya que es donde se encuentra emplazada la uña.

• La segunda corresponde a la segunda falange también denominada falange media.

• La tercera sección, en el caso del dedo pulgar se denomina monte de Venus.

1. Primera falange

- El poder de la voluntad.

La falange ungulada representa el poder de la voluntad. Cuando una persona la tiene gruesa y pesada, y su uña es chata y corta, es indicio de una personalidad muy pasional y difícil de gobernar. Esta forma se denomina "forma de maza". Si además de tener el Pulgar en forma de maza el individuo posee la primera articulación rígida, es indicio de que pueden llegar a cometer alguna locura pasional. Por consiguiente, es conveniente que la falange ungulada del dedo Pulgar sea de forma plana. De esta manera la persona tendrá un temperamento más tranquilo.

2.Segunda falange

- La razón, la lógica.

Es la que representa la razón y la lógica. Tiene diferentes formas, puede ser con el centro con aspecto de cintura o lleno.

La característica principal de las personas que la poseen es que son intelectuales. Mientras que las personas que poseen la segunda falange del dedo Pulgar en forma llena, son individuos que tienden a utilizar más la fuerza y el temperamento para lograr sus metas en la vida.

3.Tercera falange

- El amor y la vitalidad.

Se la denomina monte de Venus y se encuentra representado el amor y la vitalidad de la persona. Lo ideal, en el dedo Pulgar o dedo de Venus, es que la primera falange y la segunda tengan el mismo tamaño. Por su importancia, tiene un capítulo aparte en este mismo libro.

CAPITULO 7

EL DEDO INDICE O DEDO DE JUPITER

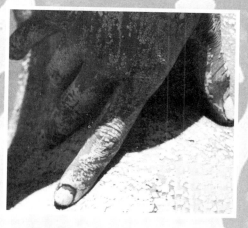

- *Posición en la vida*

- *Autoridad*

- *Autoestima*

E l dedo Indice o dedo de Júpiter es el primer dedo de la mano. Se encuentra al lado del dedo Mayor o dedo de Saturno.

A la hora de la observación a través de la Quiromancia, se considera que el dedo de Júpiter tiene dimensiones normales cuando es igual de largo que el dedo anular o dedo del Sol.

En cambio, cuando el dedo índice es más largo que el anular, significa que la persona es excesivamente orgullosa, con tendencia a dominar a los demás seres, y que su, carácter, probablemente, será de tipo extrovertido.

Cuando el Indice es excesivamente largo, igual que el dedo Mayor, la persona es excesivamente ambiciosa de poder y tiene un orgullo peligroso. Una persona con estas condiciones fue Napoleón Bonaparte, su dedo Indice era exactamente del mismo tamaño que su dedo Mayor.

Cuando el dedo índice es más corto que el Anular, significa que la persona es reservada. Generalmente, se trata de personas que disfrutan del trabajo en grupo, y que no tienen inconvenientes en compartir los éxitos con sus semejantes. Son personas orgullosas, pero ello no es causal de problemas.

Como defecto principal de quienes pertenecen a este grupo, cabe destacar que, a menudo, las personas que tienen dedo índice menor al anular, son sujetos que se dejan dominar, que no saben imponer su autoridad. Y esta dominación, será mayor o menor, según la diferencia de longitud entre los dedos mencionados.

Más aún, cuando el dedo de Júpiter es demasiado corto es indicio de poca autoestima por parte del sujeto que lo posee, y de un temperamento retraído, con dificultades de comunicación con los demás. Estas personas tienen un pobre orgullo y, en general, es ésta la causa de sus desdichas.

LAS FALANGES DEL DEDO
INDICE O DEDO DE JUPITER

1. Primera falange
del dedo Indice o dedo de Júpiter

- Temperamento de la persona

Si la primera falange, o falange superior, del dedo Indice o dedo de Júpiter es más larga que las demás, es indicio de una personalidad extrovertida, de carácter sociable. En general, éstas son personas que tienen amigos de por vida, son ese tipo de personas que siguen manteniendo el vínculo con amigos que conocieron en su más tierna infancia. Por otra parte son individuos con una gran inclinación hacia la mística.

Si la primer falange del dedo Indice es corta, indica una personalidad escéptica e incrédula.

Por naturaleza esta falange debe ser recta, aunque existen casos en que se curva hacia la palma de la mano y otros casos hacia el revés de la mano.

Cuando la primera falange del dedo Indice se curva hacia la palma de la mano, significa que la persona es de temperamento intransigente. Esta característica puede llevar al egoísmo. Y, en ese caso, las personas con este tipo de falange en su dedo Indice son personas difíciles de convivir.

Si la primera falange del dedo Indice se curva hacia el revés de la mano, es indicio de una persona que ama la paz, siempre estará mediando para que no se ocasionen problemas.

Si en la primera falange del dedo Indice se encuentran líneas verticales, es indicio de una persona que se apasiona por lo desconocido.

En algunos casos, y combinados con otros factores, líneas transversales en la primera falange del dedo Indice pueden significar que la persona tiene cierta inclinación hacia la locura.

2. Segunda falange del dedo Indice o dedo de Júpiter

- Autoridad y ambición

Si la segunda falange del dedo de Júpiter es más larga que la primera y que la tercera falange, significa que la persona es un ser con mucha autoridad, un líder. Mientras la persona use esa característica que posee con criterio, esto será una gran virtud. Pero en cuanto se pase de la raya puede convertir a la persona en un tirano o déspota y esa característica que pudo ser una virtud se convierte en un terrible defecto.

Cuando la segunda falange del dedo Indice es corta denota una falta de energía, ambición e interés en la vida.

Las líneas verticales que se encuentran representadas en la segunda falange significan que la persona tendrá logros en la vida. Tal vez no sean inmediatos, tal vez tenga que esperar por ellos, pero sin dudas llegarán.

En los casos en que se encuentra una sola línea vertical con forma de horquilla en su extremo, es indicio de posibilidades de fracaso en la persona que la ostente.

Y por último, cuando existen líneas horizontales en la segunda falange es indicio de una personalidad envidiosa.

3. Tercera falange del dedo Indice o dedo de Júpiter

- Placeres materiales y sensualidad

Para muchos estudiosos de la Quiromancia en el dedo Indice, la tercera es la más importante de las falanges. ¿Por qué? Porque esta falange representa nada más ni nada menos que a los placeres materiales y a la sensualidad.

Cuando la tercera falange del dedo de Júpiter es la más larga de las tres falanges, significa que el individuo es un ser ambicioso.

Por el contrario, si la tercera falange es corta tiene una personalidad poco ambiciosa.

Las líneas verticales que se encuentren en esta falange representan el triunfo.

Las personas que tienen líneas verticales en la tercera falange de su dedo Indice, sin dudas lograrán con mucha facilidad las metas que se propongan en la vida.

Si aparecen líneas horizontales en la tercera falange del dedo Indice, puede significar que la persona recibirá una herencia o gane un premio importante a nivel económico.

CAPITULO 8

EL DEDO MAYOR O DEDO DE SATURNO

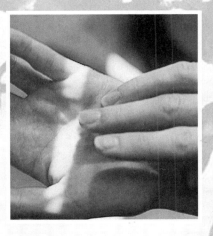

- *Responsabilidad con que se encara la vida*

- *Vocación, trabajo, servicio y restricciones*

El dedo Mayor o de Saturno es el segundo dedo de la mano y como su nombre lo indica, es el más largo.

El dedo Mayor debe ser correctamente evaluado por quien lo observa ya que representa la actitud que el sujeto tiene frente a la vida y tiene una gran importancia a la hora de evaluar a una persona. Este dedo está relacionado con la vocación, con la predisposición hacia determinado oficio, carrera o profesión. Cuando el dedo de Saturno es muy largo, o sea que es más largo que la palma de la mano, denota una personalidad demasiado responsable, con tendencia a encontrar problemas donde no los hay. Son personas a las que les costará mucho alcanzar el éxito, porque pueden verse enredadas en sus propias elucubraciones, atrapados por las vueltas de sus pensamientos. Si el dedo de Saturno es de dimensiones normales, denota una persona responsable que se toma la vida con seriedad y que no se detiene a buscar problemas donde no los hay. Son alegres, felices, sociables y amigos por excelencia y bien dispuestos. En los casos en que el dedo de Saturno es más corto de lo normal es signo de irresponsabilidad. Rehuye a los problemas, no los enfrenta. En casos extremos pueden llegar a ser peligrosos porque no miden las consecuencias de sus actos.

LAS FALANGES DEL DEDO MAYOR O DEDO DE SATURNO

1. Primera falange del dedo Mayor o dedo de Saturno

. Responsabilidad

Si la primera falange del dedo de Saturno se encuentra bien formada, entonces la persona que la tiene será un ser prudente, responsable en la medida justa, sociable y trabajador. Cuando la primera falange del dedo Mayor es larga, estamos frente a una persona responsable y trabajadora, pero a la vez pesimista y egoísta. Por el contrario, si la primera falange es corta la persona tiene una personalidad muy superficial, y también con una gran cuota de resignación.

2. Segunda falange del dedo Mayor o dedo de Saturno

. Estudio y saber

Cuando la falange del medio del dedo Mayor es de dimensiones normales, significa que la persona es prudente. Estas personas son equilibradas, con mucho espíritu de sacrificio. Tienen una alegría de vivir que los ayuda hasta en los momentos más difíciles de la vida. Si la segunda falange es larga y el dedo es liso, es signo de una personalidad con predisposición al estudio de las ciencias ocultas. Por el contrario, cuando la segunda falange del dedo Mayor es corta, es indicio de que estamos frente a una persona con poca predisposición hacia el estudio.

3. Tercera falange del dedo Mayor o dedo de Saturno

. Interés por lo material

La tercera falange del dedo Mayor tiene una relación directa con el interés por la cosas materiales de la persona. Cuando esta falange es muy larga, quiere decir que estamos frente a una personalidad calculadora por demás , sobre todo en lo que se refiere a las cosas materiales. Si tiene una tercer falange de dedo Mayor muy fina, denota que es un ser con una personalidad solitaria.

CAPITULO 9

EL DEDO
ANULAR O DEDO
DEL SOL

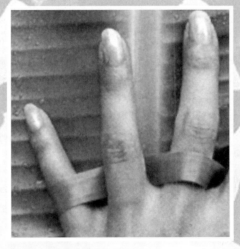

- Es el dedo del amor

*- Indica interés por lo material
o por los honores*

E l dedo Anular o dedo del Sol es el tercero de la mano. Como todos sabemos, se lo denomina Anular ya que es donde se usa el anillo de matrimonio o compromiso. Es un dedo muy importante y por el que todos guardan mucho interés. ¿Por qué? Simplemente porque éste es el dedo del
amor. En la antigüedad se lo consideraba un dedo con propiedades sanadoras.
Una curiosidad con respecto a él es que cuando una persona padece artritis
deformante de las manos, el dedo del Sol es el último en deformarse.

A partir del dedo del Sol se puede deducir si una persona tiene más interés por las cosas materiales o los honores. Si es más largo que el dedo Índice, significa que la persona en cuestión disfruta del lujo y busca los honores. Cuando, en cambio, el dedo del Sol es más corto que el dedo Índice es indicio de una personalidad que prefiere el dinero a los honores.

Se considera que el dedo del Sol es de dimensiones normales cuando llega hasta justo debajo del nacimiento de la uña del dedo Mayor y además, es de forma recta. En estos casos, la persona es de temperamento equilibrado, progresista, y con un sentido muy profundo de la ética y la moral.

Cuando es más largo de lo normal, denota un espíritu necesitado de aventuras, donde la adrenalina corre sin dar tregua. Este tipo de personas no pueden estar sin hacer algo que les parezca raro o arriesgado, o al menos diferente.

Ellos convertirán el amor en una aventura, es más, todo para ellos es una aventura. Esto no es necesariamente un defecto, si la aventura se encara con respeto al otro y con su claro consenso. También es un indicio de talento artístico.

Cuando el dedo del Sol es más corto de lo normal, es signo de una personalidad muy realista, que le gusta el dinero y no tiene mayor interés por las artes ni por la literatura.

Si se inclina hacia el dedo Mayor, es signo de fatalismo. Cuando se inclina hacia el dedo Meñique es indicio de una personalidad dedicada a las artes, pero que usa a éstas como herramienta para ganar dinero.

LAS FALANGES DEL DEDO ANULAR O DEDO DEL SOL

1. Primera falange del dedo Anular o dedo del Sol

- Relación con la realidad y la fantasía

En la primer falange del dedo Anular podemos buscar indicios sobre la necesidad o no, de un individuo de evadirse de la realidad.

Cuando la primera falange del dedo del Sol es larga, entonces esa persona será un ser creativo por excelencia y muy trabajador. Son excéntricos en continua búsqueda de la belleza y son seres que alcanzan la fama.

Por el contrario, cuando la primera falange es corta, significa que la persona no siente tanta atracción por el arte, aunque siempre honrará la belleza.

Si en esta falange del dedo anular se encuentran líneas verticales, puede significar que la persona tenga indicios de locura artística. ¿Qué quiere decir esto? Que canaliza su tendencia a la locura positivamente, a través del alguna manifestación artística. En algunos casos extremos, cuando se encuentran en esta falange líneas horizontales, y se dan otra serie de factores físicos y psíquicos particulares, la persona analizada puede estar manifestando cierto tipo de locura, pero en este caso no será artística, sino debido a las contrariedades a que lo enfrentó la vida.

2. Segunda falange
del dedo Anular o dedo del Sol

- Relación con el estudio y con el aprender

Cuando nos encontramos ante una segunda falange del dedo Anular o del Sol larga, significa que la persona frente a nosotros tendrá un gran talento artístico y estudiará toda la vida con pasión y perseverancia para llegar a perfeccionar ese talento innato.

Pero atención, cuando la segunda falange es demasiado larga, denota una personalidad autodidacta, son personas a las cuales no les gusta que se les enseñe. Esto tiene su parte positiva, ya que la persona aprende a fuerza de voluntad lo que desea, pero también puede esconder un defecto: cuando el individuo en realidad estudia solo es porque no le gusta que lo corrijan o no confía en los conocimientos que le puedan transmitir otros.

En caso contrario, cuando la segunda falange del dedo Anular es corta, denota una personalidad poseedora de poca originalidad en la vida. Son metódicos y no les gusta innovar. Y en ocasiones llegan a ser personas que no tienen mucho sentido práctico.

Cuando en esta falange se encuentran líneas verticales puede significar dos cosas: o que la persona poseerá riqueza o que tendrá en su vida mucho honor.

En el caso que en esta falange del dedo Anular se encuentren líneas horizontales, estaremos frente a un indicio de que la persona tendrá dificultades en cuanto a su obra o producción artística.

3. La tercera falange
del dedo Anular o dedo del Sol

- Vanidad y honores

Cuando la tercer falange del dedo Anular es larga, significa que el individuo es un ser deseoso de ser aplaudido y venerado. Esto significa que en un extremo, este individuo será una persona vanidosa.

Si por el contrario la tercera falange del dedo Anular es corta, significa que la persona es carente de vanidad. También, por lo general, no tienen mucha aptitud artística.

En el caso en que en la tercera falange se encuentren líneas verticales, estamos frente al indicio de que la persona no va a tener problemas materiales. Si hay algo que le preocupará o le quitará el sueño, eso no será el dinero y los bienes materiales.

Cuando en la tercera falange se encuentran líneas horizontales, significa que la persona va a tener grandes dificultades para ascender en su carrera. Lo profesional será la dificultad contra la que tendrá que batallar.

CAPITULO 10

EL DEDO MEÑIQUE O DEDO DE MERCURIO

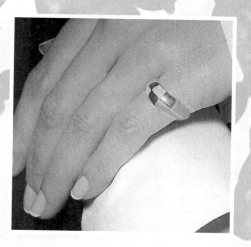

- *El dedo de la sabiduría*

- *Relación con el esfuerzo personal*

E l dedo Meñique o de Mercurio es el cuarto de la mano. Se lo diferencia entre los demás por ser el más chico de todos. Pero así pequeño como es tiene mucha importancia porque el Meñique es considerado el dedo de la sabiduría. ¿Qué hay respecto de su tamaño? El Meñique se considera que es de tamaño normal cuando llega hasta la primer falange del dedo Anular.

Las personas que tienen el Meñique de tamaño normal son, generalmente, individuos de pensamiento rápido, pero a la vez gente de acción.

Si el Meñique es más largo de lo normal, entonces significará que la persona es muy inteligente. También denota una gran capacidad para hablar, para escribir y para vender. Estas personas son los comunicadores por naturaleza. Cuando nos encontramos con una persona con el dedo Meñique más corto que lo normal, estamos frente a un signo de que ese ser puede tener poca inteligencia y un pobre intelecto. Probablemente, sea una persona con serias dificultades de comunicación. Un dedo Meñique corto también es un mal augurio en lo que al matrimonio respecta, ya que como las personas con este tipo de dedo son seres poco comunicativos, probablemente tendrán serios problemas para relacionarse. Esto es muy importante a la hora de elegir pareja. Una de las características para observar en este dedo es si se curva hacia el dedo Anular. Se ha observado que cuando este fenómeno se produce, es un buen signo desde el punto de vista de la prosperidad, será una persona sagaz para los negocios y muy buen comerciante. Si el Meñique está muy separado de los demás dedos significa que es una persona con una mente independiente. Por lo general, éstas son personas que tienen sus propias ideas y no se dejan manipular por los demás.

1. Primera falange del dedo Meñique
o dedo de Mercurio

- Intuición

La primer falange del Meñique es indicadora de la intuición. Cuando es larga, significa que la persona es muy intuitiva y que tiene una gran curiosidad por las ciencias. Si es corta denota una personalidad poco ineligente. Las líneas verticales de la primera falange del Meñique, siempre sumado a otros factores físicos y psíquicos, pueden significar indicios de locura.

Cuando se encuentran líneas transversales significa que la persona tiene tendencia a mentir. Por lo general, son muy habladoras y fabuladoras.

2. Segunda falange del dedo Meñique
o dedo de Mercurio

- Relación con el dinero

Si la segunda falange del Meñique es la más larga, esa persona tendrá una mente hábil para los negocios. Será el comerciante perfecto.

3. Tercera falange del dedo Meñique
o dedo de Mercurio

- Relación con las letras

Si la tercer falange del dedo de Mercurio es la más larga, significa que esa persona, probablemente, genere dinero a través de la literatura.

CAPITULO 11

LAS UÑAS

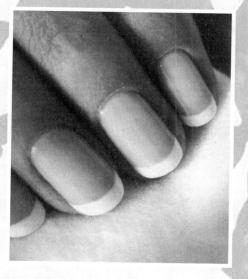

L as uñas suelen ser una característica llamativa de las manos. Pero además, tienen su significado y se dividen en cuatro grupos, dependiendo de su forma y de su largo:

1- Uñas largas

2- Uñas cortas

3- Uñas anchas

4- Uñas estrechas

Para la Quiromancia la forma de las uñas es independiente de su cuidado. Ocupan la mitad de la primer falange del dedo y cuando su largo es mayor se clasifica como "uña larga" y cuando su largo es menor son "uñas cortas".

1- UÑAS LARGAS

- Espíritu delicado, calmo, tierno
- Aceptación social

Reflejan un espíritu tierno, delicado y calmo, de maneras suaves, agradables de tratar, muy aceptadas socialmente. En lo que respecta a la salud, éstas uñas están indicando problemas pulmonares y torácicos. Si son de un leve color violeta, puede denotar mala circulación.

2- UÑAS CORTAS

- Temperamento inquieto
- Inteligencia sagaz e irónica

Pertenecen a alguien inquieto. Son personas de una inteligencia sagaz, un temperamento irónico, pero muy críticas y analíticas.

3- UÑAS ANCHAS

- Agresividad
- Esfuerzo por controlarse

Como característica principal denotan agresividad. Quienes poseen estas uñas son agresivos o luchan, con gran esfuerzo, por controlar esa agresividad.

4- UÑAS ANGOSTAS

- Refinamiento de espíritu
- Sensibles al arte

Estas personas son sensibles a las distintas manifestaciones artísticas. Además les importa lo estético, más allá de lo artístico.

¿POR QUE ALGUNAS PERSONAS SE COMEN LAS UÑAS?

A veces esta actitud coincide con algún período especial de la vida (la infancia, la adolescencia), o con determinado estado particular (ansiedad, nerviosismo, angustia, etcétera). Para la Quiromancia, el hábito de comerse las uñas, tiene su propio significado. Pero también dependerá de cual sea el dedo de la uña que sea comida, ya que su significado será en cada caso diferente. Como primer análisis, el acto de comer las uñas es un indicio de estrés, es un síntoma de que existe algún problema en la vida.

a) Uña del dedo Pulgar

- Evasión de una obligación o tarea

Cuando una persona se come la uña del dedo Pulgar, significa que hay algo que ella debería estar realizando y no lo está haciendo. No se trata de que quiere y no puede, sino de todo lo contrario: quien se come ésta uña está evadiendo una tarea. Esta escapando de esa actividad, obligación o compromiso.

b) Uña del dedo Indice

- Necesita un desafío laboral
- Vergüenza

Si una persona se come ésta uña significa que no está conforme con su trabajo y necesita uno que le demande más desafío, que implique una suerte de reto. Está aburrido e inconforme. También, se considera que éste hábito es indicio de vergüenza o preocupación por algún del pasado.

c) Uña del dedo Mayor

- Problema de conciencia

Cuando una persona se come la uña del dedo Mayor, significa que está tiene problemas relacionados con la conciencia. Este hábito suele ocurrir cuando se tiene problemas personales y en la profesión relacionados con un cuestionamiento de su conciencia. Pueden ser morales, religiosos o de valores en general.

d) Uña del dedo Anular

- Problemas con otra persona

Si una persona se come ésta uña significa que tiene problemas con otra persona. Puede ser con el jefe, con el profesor, un amigo o un pariente. Pero sea quién sea el otro, la cuestión se centraliza en un conflicto de relación.

e) Uña del dedo Meñique

- Anhelos no cumplidos

Comerse la uña del dedo Meñique, significa que tiene anhelos en la mente que todavía no se han cumplido. Es signo de que hay un problema que debe ser resuelto, o un deseo que no se alcanza a satisfacer.

f) Todas las uñas

- Etapa colmada de frustraciones

Un gran porcentaje de las personas que se comen las uñas, lo hacen en todos los dedos de las manos. Cuando ésto sucede hay que considerar que está atravesando una etapa de frustraciones e infelicidad. En estos casos, es recomendable analizar y evaluar la situación en su conjunto y no aislandamente.

Unas líneas merecen los padrastros que son pellejos que aparecen rodeando la uña, y suelen ser dolorosos. Por lo general están indicando un temperamento nervioso, inclusive hay gente que se destroza las manos arrancándoselos.

LAS UÑAS Y SU CORRELACION CON EL CUERPO

Hay algunos autores que encuentran una significativa correlación entre cada uña y algún órgano del cuerpo en particular. Veamos:

. *Uña del dedo Pulgar- Cerebro*

. *Uña dedo Indice- Hígado*

. *Uña dedo Mayor- Huesos*

. *Uña dedo Anular- Corazón y riñones*

. *Uña dedo Meñique- Sistema Nervioso*

Si bien no está comprobado, hay quienes aseguran que aparecen marcas en los dedos correspondientes a los órganos afectados hasta varios meses después.

EL COLOR DE LAS UÑAS

Hasta nuestras abuelas decían que uñas grisáceas son típicas de personas enfermas, y que amarillentas son sigo de problemas hepáticas. Las uñas azules o moradas indican problemas circulatorios y advirtierten inconvenientes cardiovasculares. Y ya no en relación a enfermedades, sino a características de la personalidad, las uñas blancas indican egoísmo o nerviosismo, y las rojas, agresión.

CAPITULO 12

LOS MONTES
Generalidades

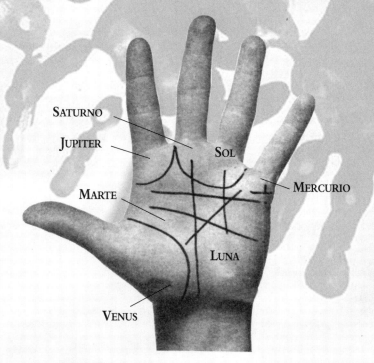

SATURNO

JUPITER

SOL

MARTE

MERCURIO

LUNA

VENUS

L os montes son aquellas pequeñas protuberancias que se encuentran ubicadas en la base de cada dedo y en la palma de la mano, masas musculares más o menos sobresalientes.

En total hay siete montes y, como en el caso de los dedos, llevan los nombres de siete planetas.

1. El monte de Venus

Se encuentra en la base del dedo pulgar

2. El monte de Júpiter

Se encuentra en la base del dedo índice.

3. El monte de Saturno

Se encuentra en la base del dedo mayor.

4. El monte del Sol

Se encuentra en la base del dedo anular.

5. El monte de Mercurio

Se encuentra en la base del dedo meñique.

6. Los montes de Marte

Existen dos montes de Marte. El primero está en el borde de la mano, por debajo de la parte superior de la línea de la Vida y por encima del monte de Venus. El segundo, se encuentra en el extremo opuesto de la mano, entre la línea del corazón y la línea de la cabeza.

7. El monte de la Luna

Está ubicado en el borde de la mano, por debajo del monte de Marte y entre la línea de la Vida y la línea de la Cabeza.

Como su nombre lo indica, cada uno de los montes se relaciona con un planeta. Y según se estudia también en otras ciencias ocultas, cada planeta posee una característica propia, algo que le es típico. Veamos qué significa cada uno:

- **Venus** se corresponde con el amor, con la sensualidad, y con la pasión.
- **Marte** representa la vitalidad y el coraje.
- **Mercurio** representa la intelectualidad, los negocios, y la ciencia.
- **Saturno** se identifica con la introspección, con la melancolía, y con la seriedad.
- **Júpiter** representa la ambición, el poder, ansias de dominar.
- **La Luna** representa la imaginación y también la versatilidad.
- **El Sol** representa la genialidad, la fecundidad y el éxito.

En los capítulos siguientes veremos qué significa cada una de las características de los distintos planetas relacionadas con cada monte en particular.

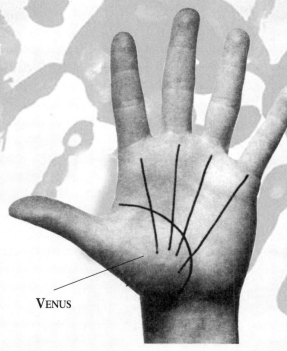

CAPITULO 13

EL MONTE DE VENUS

VENUS

- Anula lo leído en otras líneas

- Representa el amor, la pasión y la sexualidad

- Signos buenos: estrella, triángulo y cuadrado

- Signos malos: rejilla y cruz

E l monte de Venus es una protuberancia, más o menos sobresaliente, que se encuentra en la base del dedo pulgar limitado por la línea de la Vida.

Este monte es de vital importancia en la Quiromancia, ya que muchas veces su lectura anula lo leído anteriormente en las líneas de las manos. Es decir que si lo que se ve en este monte se contradice con algo visto en algún otro punto, se da preponderancia a lo que indica el Monte de Venus.

Como indicamos, Venus es el representante del amor, de la pasión y de la sexualidad.

Para considerar que el monte de Venus es de tamaño normal, éste debe ocupar alrededor de un tercio del tamaño de la palma de la mano, y, además, la línea de la Vida deberá nacer entre el dedo pulgar y el dedo índice, curvándose a la altura de la mitad de la palma y finalizando en la tercera falange del dedo pulgar.

Es preciso señalar que para la Quiromancia es importante que los montes sean de tamaño normal, ya que todo lo que se salga de lo regular será tomado como una característica fuera de lo común.

Cuando el monte de Venus es de un tamaño normal significa que la persona es de naturaleza vital, pero un poco impulsiva. Es cariñosa, de corazón bondadoso, valora y admira la belleza, y es estética por naturaleza. Los seres con monte de Venus de tamaño normal se destacan por ser muy hospitalarios, y por tener muchos amigos.

Si una persona tiene el monte de Venus demasiado grande, significa que es por demás apasionada, y que no tiene límites cuando se propone algo. Suelen ser individuos que poseen un gran apetito sexual.

Un monte de Venus estrecho, demuestra una personalidad de desapego, un ser muy egoísta. Estas personas no son buenas para formar una familia. Generalmente tampoco tienen mayor interés por el sexo.

Se dice, también, que el monte de Venus guarda una estrecha relación con el tamaño de la pelvis de la mujer. Con lo cual, si el monte de Venus es estrecho lo será también la pelvis, por lo tanto ella le será más difícil que a otras dar a luz en forma natural. Esta correlación es una tendencia, que no se verifica en la realidad en el ciento por ciento de los casos.

El monte de Venus tiene una influencia muy grande sobre la personalidad y el carácter: pueden encontrarse diversos signos, cada uno tendrá un significado diferente. Los buenos en el monte de Venus son la estrella, el triángulo y el cuadrado. Los malos son la cruz y la rejilla. Cuando en el monte de Venus se encuentra una estrella, un triángulo o un cuadrado, indica que la persona será exitosa en el amor. Por el contrario, si se encuentran cruces o rejillas el individuo pasará momentos de frustración amorosa.

También pueden hayarse líneas finas que ascienden desde el monte de Venus hacia los dedos, y según a qué dedo ascienda tiene distinto significado. Veamos:

• Si termina en el índice, significa que la persona hace uso del sexo como instrumento para lograr posición y poder.

• Finaliza en el dedo mayor, es indicio de que esa persona tiene problemas de restricciones con el sexo.

• Cuando una línea llega hasta el dedo anular, es signo de que la persona posee su libido en el arte.

• Llega al dedo meñique, significa que esa persona tiene, o tendrá, diversos amantes.

CAPITULO 14

EL MONTE DE JUPITER

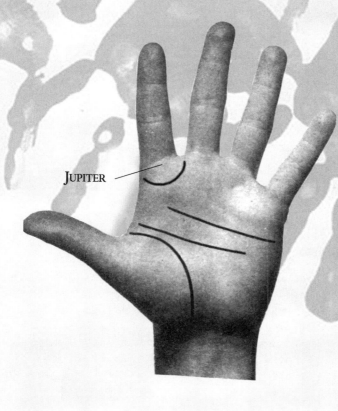

JUPITER

- Representa la ambición y poder de dominación
- Posibilidad de lograr las metas
- Buenos signos: estrella, triángulo, cuadrado
- Malos signos: cruz, líneas finas

El monte de Júpiter es la protuberancia que se encuentra en la base del dedo Indice.

Se considera que es de forma normal cuando se encuentra bastante abultado, con una contextura no muy dura, y su tamaño no es muy grande y tampoco pequeño.

Como sabemos, el planeta Júpiter representa la ambición y el poder de dominación sobre los otros y sobre las cosas. Por ello, quienes posean una mano con un monte de Júpiter considerado normal, es muy probable que se alcancen las metas que se propongan en la vida. Y esto, sin lugar a dudas, lo realizarán gracias a su gran ambición.

En otro aspecto, las personas que tengan un monte de Júpiter de tamaño normal, lograrán con seguridad tener un hogar felizmente constituido.

Además, los individuos que poseen un monte de Júpiter normal, son de buen carácter, de espíritu generoso, gente que aprecia mucho la belleza y lo estético en general. En definitiva, son personas buenas y siempre saben dominarse a tiempo para no causar daño a los demás.

Si el monte de Júpiter del observado es demasiado prominente, significa que la persona es demasiado orgullosa, ambiciosa y de personalidad egoísta. Desean el poder y el reconocimiento público. Seguramente alcanzarán la meta que se propongan cueste lo que cueste. En casos extremos podemos estar frente a un ser carente de valores morales.

Cuando el monte de Júpiter se encuentra hundido en la palma de la mano es un signo de mediocridad, y quiere decir que la persona carece de orgullo y de ambiciones.

Pero cuidado, en este caso como en cualquier otro de observación de alguien a través de la Quiromancia, no hay que analizar los datos aisladamente del contexto general de una mano.

Como dijimos la persona que posee un monte de Júpiter de gran tamaño presenta como característica un gran deseo de mando, y advierte a quien lo observa, que está frente a un individuo ávido de poder y de suma notoriedad.

Pero atención, y aquí viene la advertencia general para toda observación de un ser a través de la Quiromancia: si esta característica se la encuentra en una mano buena, puede pertenecer a grandes profesores, a un buen político, o a grandes empresarios, a personas que se destacan en su profesión; pero si por el contrario el monte de Júpiter es de gran tamaño se encuentra en una mano mala, podemos estar frente a una persona tirana y déspota.

COMO ANALIZAR LOS SIGNOS EN EL MONTE DE JUPITER

Si se encuentra un triángulo, estamos frente a un buen

signo, ya que significa que la persona es poseedora de buena suerte.

También es muy positivo cuando se encuentra una estrella en el monte de Júpiter, ya que es símbolo de éxito en el matrimonio y de felicidad en el hogar.

A su vez, si hay un cuadrado, la persona estará protegida contra las pérdidas y la aversión.

Pero por el contrario, cuando en el monte de Júpiter se encuentra una cruz, lamentablemente significa que las metas que se haya propuesto la persona no se cumplirán, o le costará un gran esfuerzo lograr que se cumplan.

Y cuando se presenta una gran cantidad de finas líneas en el monte de Júpiter, significa que el individuo es muy ambicioso.

En el monte de Júpiter pueden nacer líneas que desciendan hacia otras líneas, cada una de ellas tiene diferente significación.

LAS LINEAS EN EL MONTE DE JUPITER Y SU SIGNIFICADO

Cuando una línea nace en el monte de Júpiter y termina en la línea de la Cabeza, significa que quien la posee es una persona obsesionada en hacer dinero. Su principal meta en la vida es conseguir plata, aunque después no la disfrute, porque ese sujeto disfruta por el hecho de tenerla, de poseer dinero o bienes.

61

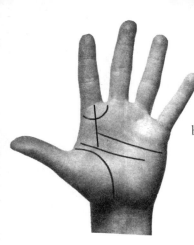

Y cuando una línea va desde el monte de Júpiter hasta la línea de la Vida, es signo de que estamos frente a una persona que se rige por la ambición.

⚜

CAPITULO 15

EL MONTE
DE SATURNO

SATURNO

- *Representa la melancolía, la soledad*

- *Solidaridad vs. egoísmo*

- *Signos bueno: ninguno*

- *Signos malos: todos*

El monte de Saturno se encuentra en la base del dedo Mayor, o como se lo denomina en Quiromancia, el dedo del Corazón, que es, en una mano normal, es el dedo más largo.

El planeta Saturno representa la melancolía, la soledad, y la tristeza.

Para que el monte de Saturno se considere normal debe ser de contextura lisa y de mediana convexidad.

Cuando el monte de Saturno es normal, significa que el individuo es una persona equilibrada, de espíritu altruista. En general, los individuos que tienen el monte de Saturno que se lo puede considerar normal, son personas solidarias, que tienen en su propia naturaleza la necesidad de ayudar a los demás.

Si el monte de Saturno es muy pequeño, puede querer decir que la vida de ese sujeto será insignificante y sin muchos momentos de felicidad. Seguramente, este sujeto será, además, una persona melancólica y triste.

Cuando es demasiado pronunciado, es probable que quien lo tenga sea una persona temerosa de la vida, que posee miedos inimaginables. Llevado a un extremo y sumado a otras circunstancias de la vida, esta mano puede representar, en algunos casos, la mano de una persona con tendencias suicidas. ¡Pero cuidado! éste no es el único indicio para saber si una persona tiene estas inclinaciones; es importante evaluar el total de la mano.

En este monte todos los signos se consideran desfavorables, por eso lo mejor es que no tenga signo alguno. Ni estrellas, ni rayas, ni cuadrados, ni nada.

Si la persona tiene una mano blanda, le será más fácil luchar contra todos los malos augurios. Si por el contrario posee una mano dura, tendrá que esforzarse más y le será mucho más difícil combatir los males.

Si la línea del Corazón nace en el monte de Saturno, es signo de que estamos frente a una persona egoísta en el amor.

En general la línea del Destino termina en el monte de Saturno.

CAPITULO 16

EL MONTE DEL SOL

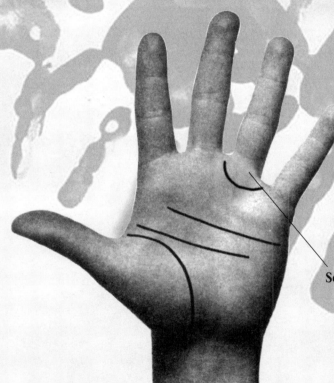

SOL

. *Buenos sentimientos, triunfo*

. *Amor por lo bello y por la tranquilidad*

. *Buenos signos: la estrella*

. *Malos signos: la cruz*

El monte del Sol es la protuberancia que se encuentra situada en la base del dedo anular.

El Sol es símbolo de buenos sentimientos, de triunfo, de brillo en la vida. Por ello, se considera signo de buen indicio, tener un monte del Sol bien definido y de buenas proporciones. Este monte tiene una gran relación con el triunfo para el dinero y la profesión elegida. En otro aspecto, epresenta el amor por lo bello, la tranquilidad, y la gloria.

Cuando este monte es de proporciones normales, el sujeto llegará a lograr lo que se proponga, aunque sólo con esfuerzo y dedicación. Si está decidida, será una persona exitosa laboralmente, y tendrá mucho dinero.

Si es demasiado grande, todas estas características dejarán de ser cualidades para convertirse en defectos. La persona será demasiado ambiciosa, tendrá un carácter arrogante, y amará la vida lujuriosa y ostentosa.

Por el contrario, cuando es demasiado pequeño significa que el individuo probablemente tiene pocas ambiciones, y casi con seguridad no tendrá gran inclinación por el arte. Alguien con un monte de Sol pequeño gozará de una vida tranquila.

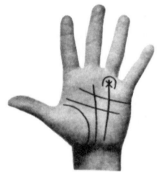

¿Y QUE CON RESPECTO A LAS MARCAS?

Una estrella en el monte del Sol, al final de la línea de la fama, indica que se va a triunfar en el ámbito artístico.

Una cruz en el monte del Sol significa que la persona, probable y lamentablemente, no va a poder lograr tener éxito por mucho que se lo proponga.

CAPITULO 17

EL MONTE DE MERCURIO

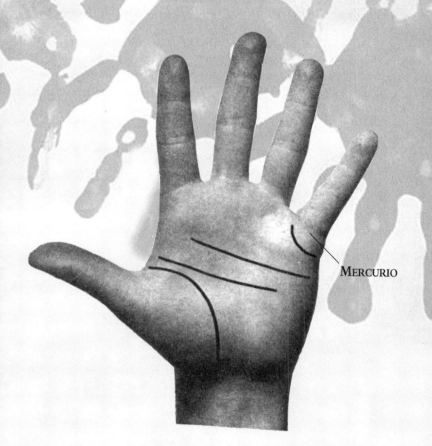

MERCURIO

- Representa el ingenio

- Positivo: ciencias, literatura

- Negativo: estafador, ladrón

El monte de Mercurio es la protuberancia que se encuentra en la base del dedo meñique.

Mercurio es el dios de las ciencias, las letras, la comunicación, la salud, los estafadores y los tramposos, y del ingenio en general.

Si el monte de Mercurio es de dimensiones normales, es signo de que nos encontramos frente una persona dedicada a las ciencias, o a un escritor. Usará su gran ingenio para lograr sus cometidos. En general, quienes tienen éstos montes normales son fabulosos novelistas.

Si es demasiado grande, se manifestarán las propiedades negativas del dios Mercurio. Quienes tienen este tipo de monte, son personas de naturaleza poco confiable, que no siempre dicen lo que piensan o que actúan pensando sólo en ellos. Llevado a un extremo, el individuo puede llegar a ser ladrón o estafador. Seguramente si es muy grande no podrá disfrutar de una familia duradera, o lo conseguirá sólo a base de un gran esfuerzo y de la ayuda de los demás.

Por el contrario si nos encontramos frente a una persona con un monte muy pequeño, el análisis cambia. Probablemente signifique que se posee un corto ingenio, y sea torpe por naturaleza.

CAPITULO 18

EL MONTE DE LA LUNA

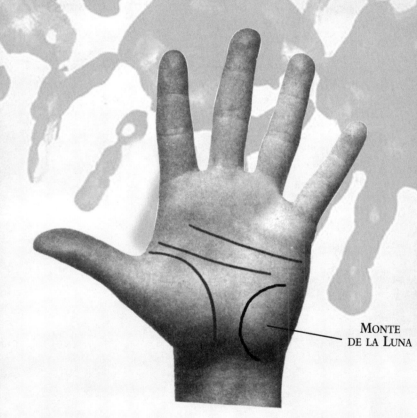

MONTE
DE LA LUNA

- Imaginación

....

- Aman los cambios

El monte de la Luna es la protuberancia que se encuentra al borde de la palma de la mano por debajo de la terminación de la línea de la cabeza. Se lo reconoce porque hace que se curve el lado externo de la mano. Se dice que es normal cuando es de dimensiones pequeñas. Cuando su tamaño es óptimo es signo de que la persona posee una gran imaginación. Gozan de una gran capacidad inventiva, aman los cambios y necesitan de ellos para seguir viviendo.

En este monte se encuentra, también, la línea de los viajes, que refiere tanto a viajes fantasiosos como verdaderos. Se puede viajar a tanto a Europa, a la India, o al Caribe, como a la corte de Luis XVI, a las carabelas de Cristóbal Colón o al siglo XXI.

Si el monte de la Luna es demasiado grande nos encontramos frente a una persona poco realista, alguien demasiado fantasioso que no podrá cumplir con sus objetivos debido a que son irreales. Son individuos que viven de los sueños y nunca concretan nada.

Si el monte directamente no existe o sea que la mano es recta desde la muñeca hasta el dedo meñique, es indicio de una persona que carece de sensibilidad, incapaz de sentir empatía por alguien, es un ser carente de imaginación.

Por otra parte, si la línea de la cabeza llega hasta el monte de la Luna indica que la persona posee mucha imaginación.

La línea de la fama nace en este monte y se alza hasta el dedo anular.

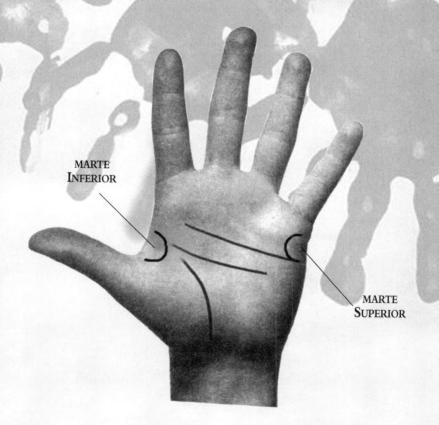

CAPITULO 19

EL MONTE DE MARTE

- Superior: autocontrol, valentía

- Inferior: seguridad en sí mismo, generosidad

Existen dos campos de Marte. Uno se encuentra por debajo del monte de Júpiter, por arriba del pulgar y bajo la línea de la Vida. Este se denomina monte Activo o Inferior, y es asociado con las características físicas del hombre.

El otro monte de Marte lo podemos hallar por arriba del monte de la Luna, en la parte externa de la palma de la mano, limitado por la línea de la cabeza y la línea del corazón. Se denomina monte de Marte Superior, y se lo asocia con las características mentales del ser humano.

Si el monte de Marte Superior está desarrollado es signo de autocontrol, de valentía y de fuerza mental.

Pero cuidado, si el monte de Marte Superior está demasiado desarrollado, es signo de mal temperamento.

A su vez, si el monte de Marte Activo o Inferior se encuentra desarrollado, la persona tendrá gran coraje físico. Será segura de sí misma, que no pide ayuda a los demás, generosa e impulsiva.

Pero si se encuentra demasiado desarrollado, es probable que nos encontremos ante un ser de agresividad desmedida, a la que le encanta buscar permanente pelea.

Y por último, si el monte de Marte inferior o Activo no se encuentra desarrollado significa que la persona carece de poder para defenderse y de la suficiente autoestima para valerse en la vida.

CAPITULO 20

LAS LINEAS DE LAS MANOS

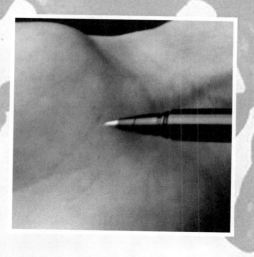

- Líneas principales

- Líneas secundarias

- Líneas menores

- Generalidades

Con sólo mirar las palmas de las manos, se puede observar una gran cantidad de líneas, que corren en todas las direcciones; a estas líneas se las denomina *"líneas de las manos"*.

La cantidad de líneas que se encuentran en cada mano depende de cada persona. Nos encontraremos con líneas que existen en la gran mayoría de las manos, y otras que son menos comunes de hallar. Por lo tanto, el primer paso va a ser ponernos de acuerdo en cuanto a la terminología con que nombraremos a cada tipo de línea.

Las líneas de las manos más comunes, son las denominadas líneas importantes.

Pero dentro de estas podemos hacer una clasificación ya que con respecto a estas líneas la situación es similar a la indicada más arriba: hay líneas importantes que se encuentran en la mayoría de las manos, y otras no tan comunes.

Las importantes que se hallan en la mayoría de las manos, se denominan **líneas principales**. Las líneas importantes que no son tan comunes se denominan **líneas secundarias** de la mano.

Las principales son tres, y están claramente marcadas, son inconfundibles. Las secundarias también son tres, pero son más difíciles de distinguir.

Existen otras líneas, las cuales se consideran de menor importancia, éstas se denominan líneas menores. Las **líneas menores** son seis.

LAS LINEAS PRINCIPALES

Son tres y atraviesan la palma
de la mano en forma horizontal

1- La línea de la Vida.

Se encuentra rodeando el monte de Venus.

2- La línea de la cabeza.

Está en el centro de la mano, entre la línea del corazón y la línea de la cabeza.

3- La línea del corazón.

Atraviesa la mano a la altura de la base de los dedos.

LAS LINEAS SECUNDARIAS

Son tres, y atraviesan la palma
en forma vertical

1. La línea del destino.

Está en el centro de la mano y la atraviesa en forma vertical. Su origen es en la muñeca y recorre la palma de la mano hasta el monte de Saturno.

2. La línea de la Fama.

Comienza en el monte de Marte y asciende por la mano
hasta el monte del Sol.

3. La línea de la Salud.

Atraviesa la mano en forma vertical y se dirige al monte de Mercurio.

LAS LINEAS MENORES

1- Brazaletes de Venus.

Corresponden a los tres brazaletes que se encuentran en la muñeca.

2- La línea lasciva.

Se encuentra paralela a la línea de la salud.

3- La línea de la intuición.

En forma de semicírculo, va desde el monte de la Luna
al monte de Mercurio.

4- El cinturón de Venus.

Circunda el monte de Saturno y el monte del Sol, y se encuentra
por encima de la línea del corazón.

5- La línea del matrimonio.

La línea, o las líneas, de forma horizontal, que se encuentran
en el monte de Mercurio.

6- La línea de los viajes.

Es la línea, o las líneas de forma horizontal que se encuentran
en la base de la palma de la mano.

CARACTERISTICAS GENERALES
DE LAS LINEAS DE LAS MANOS

Desde el primer día de sus vidas, las personas nacen con las líneas marcadas
en las palmas de las manos. Observando la palma de un niño en su más temprana
edad, encontramos las líneas de las manos. Pero estas líneas van cambiando a lo largo de la vida y, según las circunstancias, algunas hasta pueden llegar a desaparecer.

En las líneas de las manos existe una característica, de gran importancia, que es el color que estas poseen. Esta es otra particularidad a tener en cuenta en la quiromancia ya que cada color tiene un significado diferente.

• **PALIDAS:** probablemente esa persona tiene o tendrá mala salud. En un segundo análisis, descartado o no el tema de la salud, también se puede interpretar que la persona sufre, por tener falta de decisión en la vida.

• **ROJO:** significa que la persona es muy activa, y de un temperamento fuerte.

• **AMARILLO:** esta persona tiene, o tendrá, problemas hepáticos, y denota también una forma de ser extremadamente autosuficiente, que todo lo puede, es signo de una personalidad orgullosa y altiva.

• **LAS LINEAS DE LA MANO DE COLOR MUY OSCURO:** indican que la persona es melancólica. Pero atención, incluso puede ir un poco más allá de la melancolía y convertirse en un ser con temperamento vengativo.

La división que marca en la palma de la mano la línea de la cabeza es sumamente importante, ya que separa la mano en dos sectores a los que se denominan: hemisferio superior y hemisferio inferior.

El hemisferio superior es el que contiene la parte superior de la mano y cuatro de sus dedos; el hemisferio inferior contiene la parte inferior de la mano y el dedo pulgar.

Y la importancia de los hemisferios radica en que cada uno representa diferentes características del ser humano. El hemisferio superior es el que representa la mente de una persona; el hemisferio inferior es índice de las cosas materiales que una persona puede poseer.

CAPITULO 21

LA LÍNEA
DE LA VIDA

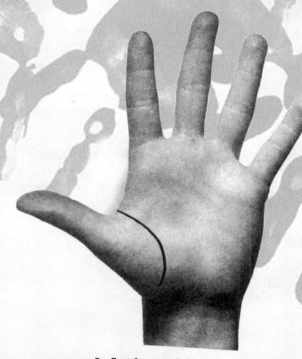

- *Influida por Marte y por Venus*

....

- *Tiempo, enfermedades, vitalidad*

La línea de la Vida conforma, junto con la línea de la Cabeza y la línea del Corazón, las tres líneas principales de la mano.

La característica más sobresaliente de la línea de la Vida, es que se encuentra en todas las palmas de las manos. No existe ser humano, que no posea la línea de la Vida.

Esta línea es la más popular, cualquier persona neófita en la Quiromancia sabe de su existencia y podría ubicarla sin dificultad en la palma de una mano. Técnicamente se describe a esta línea como la que nace en el borde de la palma de la mano, entre el dedo Pulgar y el dedo Indice, y recorre toda la mano formando un semicírculo hacia abajo. Por lo general, esta línea termina en la base de la mano o en la muñeca.

Astrológicamente, la línea de la Vida se encuentra influida por Marte y por Venus, y en menor escala por Júpiter, la Luna, por Saturno, Mercurio y por el Sol.

El espacio que se encuentra determinado entre la línea de la Vida y el dedo Pulgar, es lo que se conoce con el nombre de "monte de Venus".

¿Por qué la línea de la Vida reviste una gran importancia para la Quiromancia? Porque sobre ella se puede interpretar el tiempo de vida de una persona, la vitalidad que ella posee, las enfermedades que ésta puede padecer, y la fecha aproximada de su muerte. Y he aquí un punto clave tanto para el analizado como para quién está practicando la Quiromancia sobre él: la información que puede obtenerse es de tal importancia que hay que ser muy cuidadoso, muy responsable, manejar la posibilidad del error, no decir nada que el otro no quiera oír, y fundamentalmente, nunca debe decírsele a una persona cual podría ser la fecha de su muerte.

QUE NOS DICE LA LINEA DE LA VIDA

- Longitud, claramente marcada, color
- Vitalidad, salud, ambición, irritabilidad, paciencia, riesgos

Vulgarmente se cree, y no quiere decir que no sea así, que una persona gozará de una larga vida cuando su línea de la Vida es larga. ¡Pero atención que esto es una simplificación muy peligrosa! La longitud no es la única característica que debe tomarse en cuenta, sino que hay otras características no menos importantes a considerar en la observación de la línea de la vida. Por ejemplo, que debe encontrarse claramente marcada, no contar con irregularidades, tener un buen color, etcétera.

Cuando en la palma de una mano se encuentran dadas todas estas características, se puede decir que la persona gozará de una larga vida, colmada de salud y de mucha vitalidad, ya que la línea de la vida indica, también, cuánta vitalidad posee una persona.

Otro ejemplo es ver la ubicación de esta línea. Una buena característica de la línea de la Vida es que se encuentre bien hacia adentro en la palma de la mano y, por lo tanto, dejando un amplio monte de Venus. Cabe inferir que cuanto más adentro de la palma de la mano se encuentre la línea de la Vida, más años vivirá el sujeto y de más vitalidad gozará.

¿Una línea corta implica poca vida? No necesariamente. Es cierto que si la línea de la Vida es corta, estamos ante un mal presagio, aunque no necesariamente sea signo de una vida corta. Muchas veces, una corta línea de la Vida, puede significar solamente que la persona no cuenta con demasiada vitalidad, y esto no está directamente relacionado con la duración de la vida. Lo que sí se ha observado, como característica, es que las personas que poseen una línea de la Vida corta, son en general seres muy irritables, nerviosos y ofuscados, lo que comúnmente llamamos personas de mal carácter o "mal genio". En cambio, y confirmando lo anterior, se observa que las personas que poseen una larga línea en sus manos son seres dulces, pacientes y poseen un gran atractivo.

Cuando la línea de la Vida va acompañada en su recorrido por una línea paralela a ella, a la cual se la denomina línea de Marte, hay que festejar ya que significa que la persona que la posea gozará de mucha fuerza, y tendrá una protección extra en la vida.

También merece un festejo quien posea una línea de la vida que se bifurca al final de la mano. ¿Por qué? Porque si la línea de la Vida tiene esta característica quiere decir que la persona tiene una gran resistencia ante las enfermedades.

¿Es bueno o malo que la línea de la Vida comience en el monte de Júpiter? Significa que la persona es muy ambiciosa. Si es bueno o malo es difícil de definir y dependerá de cada uno.

¿Y si la línea de la Vida nace junto con la de la Cabeza? Significa que la vida de esa persona es guiada por la razón y no por los sentimientos. Esto le ayudará a obtener lo que quiere, pero le traerá problemas en su relación con los demás.

Por el contrario, cuando hay un espacio intermedio entre la línea de la Vida y la de la Cabeza, estamos ante una persona más equilibrada. Esta característica es signo de libertad de actuación y que el individuo no tiene ataduras para tomar decisiones. Es típico de una personalidad emprendedora y colmada de energía.

Cuando el espacio entre la línea de la Vida y la de la Cabeza es muy grande, significa que la persona tiene buena autoestima, aunque se pueda volver en su contra convirtiéndola en alguien temeroso, impulsivo e ingobernable por la razón.

¡Atención! Hay un caso a tener en cuenta: cuando la línea de la Vida, la de la Cabeza y la del Corazón nacen juntas, formando una especie de "M". En este caso estamos frente a un signo de infortunio, ya que la persona es propensa a encontrarse con peligros e indica una personalidad con poca percepción de la vida. Pero como ya dijimos lo que muestran las manos tiene que ayudarnos a modificar lo que no nos gusta. Si sabemos que la vida nos pondrá con frecuencia ante peligros y que nuestra percepción no será la mejor, tendremos que esforzarnos por estar alertas y atentos a lo que pueda pasar. Tendremos que activar una alarma que suena cada vez que estemos en peligro. Si la naturaleza no nos dotó de ella, la voluntad puede hacerlo. ¿O no?

LA LINEA DE LA VIDA
Y MARCAS RELACIONADAS

- Buenos signos: líneas que ascienden, cuadrado.
- Malos signos: Líneas que descienden, estrella, isla

Como primera gran división hay que ver si las líneas que salen de la línea de la vida ascienden o descienden. Todas las líneas que se elevan desde la línea de la Vida son buen presagio y las que descendentes son malos presagios.

Lo segundo a tener en cuenta es hacia dónde se dirigen. Si desde la línea de la Vida sale una hacia el monte de Saturno, es signo de que la persona siente un profundo interés por las ciencias.

Cuando desde la línea de la Vida surge una que se dirige hacia el monte del Sol, significa triunfo en la carrera.

Si sale una hacia el campo de Marte, es signo de que la persona tendrá éxito, pero no le será fácil obtenerlo.

Cuando desde la línea de la Vida surge una línea que se dirige a la línea de la Cabeza, es signo de que la persona llegará a ser rica.

¿Qué pasa cuando las líneas cortan la de la vida? Significa que la persona tendrá grandes problemas en la vida y la mayoría serán causados por parientes. Estos inconvenientes se producirán en la etapa de la vida en que dicha línea corte a la línea de la Vida.

Pero además de líneas relacionadas, en la línea de la Vida se pueden encontrar diversos signos. Si en esta línea se encuentran estrellas o islas, son de mal augurio. En cambio, el cuadrado es signo de buena suerte.

¿Pero qué clase de malos o buenos augurios podemos esperar? Si en la línea de la vida hay una estrella, es signo de que habrá una operación o un accidente. Se puede saber a que edad se producirá a través de la línea de la Vida.

Una isla en la línea de la Vida significa que la persona puede tener problemas de salud. Como dijimos, un cuadrado es signo de buen augurio, cuando se encuentra en la línea de la Vida. Su presencia significa una protección extra ante los infortunios que se le presenten.

CONCLUSION

Ya quedó claro que la longitud de la línea de la vida no tiene necesariamente que ver con la duración de la vida, sino que es un elemento a considerar en conjunto con otros. A pesar de que su longitud es una particularidad muy importante también es fundamental tomar en cuenta otras características que se presentan en una mano.

CAPITULO 22

LA LINEA
DE LA CABEZA

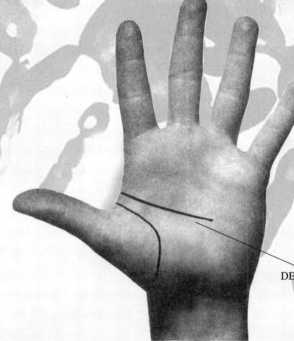

LINEA
DE LA CABEZA

- Justo en el centro de la mano

....

- Recta, pero puede inclinarse en su tramo final

C omo ya dijimos en capítulos anteriores, la línea de la Cabeza, junto con la de la Vida y la del Corazón, forman las tres líneas principales de la mano.

¿Cuál es la línea de la Cabeza? Es la que se encuentra justo en el centro de la
palma de la mano, ubicada entre la línea de la Vida y la del Corazón.

La línea de la Cabeza nace en el borde de la mano entre el dedo Pulgar y el

Indice. En general es una línea de forma recta, pero en muchos casos, esta línea se inclina hacia abajo en su tramo final.

QUE NOS DICE ESTA LINEA

*- Cuando la línea de la Cabeza nace junto con la de la Vida
se forma el Angulo Suprem
- Racionalidad, sentimientos vs. razón, inteligencia*

Lo primero a tener en cuenta al observar esta línea es dónde nace y su ubicación dentro de la palma de la mano.

Se considera buen indicio que la línea de la Cabeza nazca conjuntamente con la de la Vida. ¿Por qué? Muy simple, de este modo la razón cuidará del instinto vital. Cuando ello ocurre, se forma el ángulo supremo que es el ángulo que representa la unión de la lógica y el instinto. Las personas que poseen esta característica seres amantes de su familia y que trabajarán toda su vida por ella y para ella. También son, por lo general, muy buenos amigos. ¿Y qué de sus defectos? Su peor defecto es, quizás, su timidez.

Si la línea de la Cabeza no nace conjuntamente con la de la Vida, es considerado un mal signo, ya que en estos casos la razón no interfiere sobre la vida de la persona y, por ello, les cuesta modificar sus instintos, domesticarlos, suavizarlos, y esto les puede traer problemas de relación con los demás. En muchas ocasiones llegan a ser maridos infieles, amigos poco leales o trabajadores inconstantes.

Más allá de la formación del ángulo supremo, la línea de la Cabeza puede nacer en diferentes lugares.

Si nace en el centro del monte de Júpiter, y en su recorrido roza la línea de la Vida, significa que el individuo es dueño de un gran talento. Esta línea es característica en las personas que no se amedrentan ante el riesgo. Por lo general, son muy buenos jefes, saben manejar gente y son respetados. Pero a la vez, son individuos que tienen mucho respeto por sus súbditos, y la justicia es un valor fundamental para ellos, casi una parte de su personalidad. Aborrecen la injusticia como ninguna otra cosa del mundo. También la línea de la Cabeza puede nacer en el monte de Júpiter y no rozar la línea de la Vida. En este caso, el sujeto tendrá las mismas cualidades que en el caso anterior, salvo que será una personalidad más temeraria, y un importante defecto: no tendrá tanto respeto por sus súbditos.

Si la línea de la Cabeza nace en el dedo Mayor, es indicio de una persona con una inteligencia insuficientemente desarrollada.

Por otra parte, si la línea de la Cabeza nace junto a la del Corazón, también estamos frente al indicio de que la persona analizada tiene una inteligencia insuficiente. Pero no sólo eso, ya que puede ser signo de una persona muy inestable en sus sentimientos y que, seguramente, será infiel.

Si la línea de la Cabeza nace junto con la de la Vida, y sigue su recorrido unida a ella, significa que la persona es cautelosa y temerosa. Son de carácter nervioso, y de temperamento muy sensible. Son sujetos muy inseguros de sí mismos.

Si la línea de la Cabeza nace en el monte de Marte, por debajo de la línea de la Vida, es signo de una persona que posee un carácter difícil, y en general corresponde a personalidades con importantes conflictos. Por lo antedicho, suelen ser personas con grandes dificultades para relacionarse. Y como si esto fuera poco, probablemente sean de una gran inconstancia en sus actos y en sus pensamientos, de temperamento nervioso, y muy susceptible.

Si la línea de la Cabeza nace en el monte de Venus, denota mucha timidez y un carácter excesivamente reflexivo.

En casos extremos, la línea de la Cabeza puede no existir en una mano. Y esta característica no es deseable, ya que en ese caso la persona se deja llevar completamente por sus sentimientos, de una forma arrebatada y a veces peligrosa.

La línea de la Cabeza puede ser larga o corta, eso depende de cada mano. ¿Cómo determinar su longitud? Se considera que es corta cuando llega hasta por debajo del dedo Mayor y que es larga, cuando ésta finaliza por debajo del dedo Anular, o llega hasta el borde de la palma de la mano.

¿QUE SIGNIFICA LA LONGITUD DE ESTA LINEA?

Cuando la línea de la Cabeza es corta, y también estrecha, es signo de una persona que posee una inteligencia pragmática y concentrada. Estaremos frente a un sujeto de pensamiento rápido, y con una gran capacidad intelectual. En general, éste tipo de línea, corresponde a las personas dedicadas a los negocios, que necesitan abarcar diferentes actividades en el ámbito de la vida. Una de las características principales de quienes poseen este tipo de línea es que tienen una gran facilidad para concentrarse y, al mismo tiempo, pueden dedicarse a diferentes tareas.

Puede ocurrir que la línea de la Cabeza sea demasiado corta, en este caso es signo de un gran apego hacia el dinero y los bienes materiales. Por otra parte, este tipo de línea, es característica de seres con una gran carencia de imaginación.

Cuando una persona tiene una línea de la Cabeza larga, de forma recta, que se la puede distinguir claramente, significa, generalmente, que tiene una inteligencia superior a los demás. También es signo de que el poseedor cuenta con una gran constancia y tenacidad, herramientas fundamentales para poder triunfar en la vida. Estas personas tienen un gran poder de concentración en una sola profesión, ésta es la gran diferencia con la personalidad descripta anteriormente: mientras los de línea de la cabeza corta pueden abarcar distintas cosas a la vez, los de líneas de la cabeza larga deben concentrarse en una única tarea. En general, ésta es una línea que se encuentra en las manos de personas dedicadas a las ciencias, o a las que se los puede catalogar como genios.

Cuando la línea de la Cabeza es demasiado larga, es decir que atraviesa la mano completa, el análisis excede la inteligencia y va mucho más allá. Una línea con estas características significa que quien la posee es una persona egoísta, con la energía colocada sobre lo que a él le interesa solamente. En general, son grandes triunfadores en el área laboral, pero muy malos padres y cónyuges.

¿Qué pasa cuando la línea de la cabeza se inclina hacia abajo? Si esta línea es recta en la primera mitad, pero luego se inclina suavemente hacia abajo, quiere decir que existe una armonía real entre la imaginación y la realidad.

Puede suceder, aunque esto no es muy frecuente, que la línea de la Cabeza sea de forma curva, esto significa que el sujeto es poseedor de una gran intuición y de una inagotable imaginación. Es más común encontrar esta característica en las manos femeninas que en las de los hombres.

Si la línea de la Cabeza es recta, y atraviesa la palma de la mano, pero al final se curva levemente hacia arriba, significa que la persona tendrá gran éxito comercial, y contará con una gran capacidad para producir dinero.

LA LINEA DE LA CABEZA
Y SUS LINEAS Y MARCAS RELACIONADAS

- Puede ser cortada o encadenada
- Buenos signos: isla, ramificaciones hacia arriba
- Malos signos: estrella, ramificaciones hacia abajo

La línea de la cabeza puede estar cortada o entrelazada con otras o incluso formar una cadena. Veamos qué significa cada particularidad. Cuando la línea de la Cabeza está formada por una cadena, estamos frente a la mano de una persona de temperamento indeciso. Cuando se encuentra entrecortada, puede evidenciar fuertes dolores de cabeza y hasta en algunos casos extremos, que padece de ciertos problemas relacionados con enfermedades cerebrales. Y si aparece en esta línea un punto, también estamos ante la mano de un sujeto que puede sufrir migrañas.

Se considera que cuando en la línea de la Cabeza aparece una estrella, estamos ante un símbolo de locura potencial. Esta locura puede manifestarse a lo largo de la vida o no. Que exista la tendencia no quiere decir que se manifieste, recordemos que partimos de la base que el destino no es irremediable.

Cuando aparece una isla en la línea de la Cabeza, significa que la persona cuenta con una inagotable imaginación erótica.

Es muy común observar que desde la línea de la Cabeza surgen unas pequeñas ramificaciones. Estas ramas pueden dirigirse hacia arriba de la línea de la Cabeza, o hacia abajo de ella. Cuando las ramificaciones se dirigen hacia abajo significa que el poseedor tendrá muchos proyectos, pero lamentablemente no serán exitosos. Por otro lado, cuando las ramificaciones se dirigen hacia arriba, significa que la persona tendrá una gran cantidad de proyectos que se concretarán, convirtiéndose en grandes éxitos.

84

CAPITULO 23

LA LINEA
DEL CORAZON

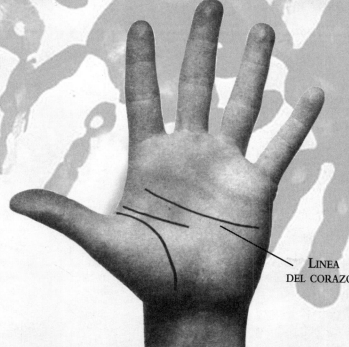

LINEA
DEL CORAZON

- Para muchos, la línea más importante de la mano

L a línea del corazón es la última de las tres principales de la mano que nos resta analizar.

¿Cómo identificarla? Se encuentra en la parte superior de la palma de la mano, por sobre la línea de la cabeza.

La línea del corazón puede nacer por debajo del dedo índice, o por debajo del dedo mayor, y recorre toda la mano hasta finalizar en el borde de la misma justo por debajo del dedo meñique.

Para muchos autores, ésta es la línea más interesante de una mano. A continuación veremos por qué.

QUE NOS DICE ESTA LINEA

- Indica la capacidad de amar
- Profundas emociones, verdadera esencia
- Relaciones y afectos

¿En qué radica la importancia de esta línea? En que es la que indica la capacidad de amar y ser amado que posee una persona. ¿Hay algo más importante que ello?

En esta línea se pueden distinguir las profundas emociones del sujeto, y su esencia más intima.

Existen casos de personas en las que no se encuentra la línea del corazón, en este caso se interpreta que esta línea se encuentra fusionada con la de la cabeza. Cuando esto ocurre, es porque la razón rige sobre los sentimientos de la persona. Esta circunstancia tiene sus pros y sus contras ya que la persona que posea esta mano tendrá un gran poder de concentración, con seguridad podrá lograr lo que se propone, pero correrá un gran riesgo: deberá tener sumo cuidado, ya que puede perder sus afectos por el camino. Y todavía hay un defecto peor en quienes tienen la línea de la cabeza y el corazón fusionadas: poseen poca sensibilidad ante la vida y es muy difícil que algo llegue a conmoverlas demasiado. Es difícil que se les vea caer una lágrima.

Cuando la línea del corazón se encuentra bien formada, es decir, larga y sin interrupciones, es signo de una personalidad altruista y bondadosa con espíritus generosos y amables. Quienes la poseen son seres leales, de carácter extrovertido, dueños de una gran sensibilidad, capaces de mantener sus afectos a lo largo de toda su vida, son comprensivos y muy fieles en cuanto a la amistad.

Si es corta, significa que la persona es un ser de naturaleza dura, de temperamento frío, con pocos sentimientos y de carácter introvertido, incapaces de amar a alguien en forma profunda y duradera.

Si la línea del corazón es recta, desde el borde de la palma de la mano hasta el monte de Júpiter, significa que la persona es posesiva con sus afectos.

En los casos en que se curva hacia arriba, y termina entre el dedo índice y el mayor, es signo de una personalidad equilibrada emocionalmente, es un sujeto que tiene todas las condiciones dadas para tener éxito en el amor.

Si la línea del corazón termina bajo el dedo mayor, significa mucha pasión y egoísmo con respecto a sus afectos. Se destacan por ser muy sensuales.

Cuando termina en la base del dedo índice, el individuo es demasiado entusiasta, con tendencia a idealizar a las personas y a las situaciones.

Los colores de la línea del corazón tienen también su propio significado.

- **ROJO FUERTE**: denota una personalidad peligrosamente apasionada.

- **COLOR PALIDO**: denota un carácter desapasionado, y con incapacidad de tener apegos afectivos.

Si se encuentra muy arriba en la mano, significa que el corazón domina a la razón. Son personas muy apasionadas, y en más de una oportunidad, se verán en problemas por seguir los impulsos de su corazón.

Cuando, por el contrario, se encuentra muy baja en la palma de la mano, quedando de este modo poco espacio entre la línea de la cabeza y la del corazón, significa que es la cabeza la que regirá al corazón. En este caso son personas muy calculadoras, y en general sus actos son realizados por algún interés de por medio.

Si la línea del corazón se une a la de la cabeza, en alguna parte de la palma de la mano, quiere decir que el sujeto es mezquino en sus afectos, y sus actos no se producen por sus sentimientos sino por interés.

LA LINEA DEL CORAZON
Y SUS MARCAS RELACIONADAS

- *Signos malos: pequeñas líneas hacia abajo, isla, cruz, puntos*

¿Qué pasa cuando analizamos esta línea junto a las pequeñas líneas y marcas que aparecen junto a ella o surgen de ella?

Si de la línea del corazón surgen pequeñas líneas hacia abajo, significa que la persona atravesará por fracasos sentimentales. En cambio, cuando salen muchas líneas pequeñas hacia arriba, quiere decir que el sujeto tendrá muchos amoríos en su vida, pero ninguno será verdadero y duradero.

Una isla en la línea es mal presagio, ya que es signo de infidelidad amorosa. Si, por el contrario, está delineada en forma continua, significa fidelidad.

Atención si se encuentra una cruz en la línea. Esta marca puede significar que la persona padece o padecerá problemas cardiovasculares.

Cuando en la línea hay pequeños puntos, es también signo de que la persona sufrirá decepciones amorosas.

NOTA

Las líneas de la Vida, de la cabeza, y del corazón son las tres líneas principales.

Cuando se estudian las manos, éstas son las primeras líneas

que deben analizarse, son las que se encuentran marcadas más claramente sobre la palma de una mano.

Luego de haber completado el análisis de estas tres líneas, se comienza a analizar las siguientes denominadas *líneas secundarias de las manos*, las que estudiaremos en los capítulos siguientes.

CAPITULO 24

LA LINEA DEL DESTINO

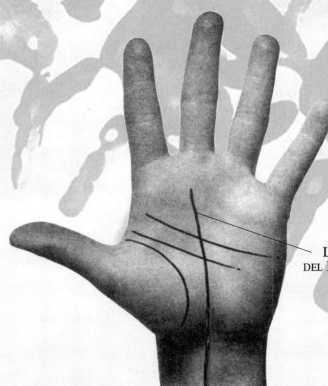

LINEA DEL DESTINO

- Sólo aparece delineada perfectamente en el 3% de la gente

- Longevidad

L a línea del Destino, es una de las secundarias de la mano. Muchas veces, es conocida con el nombre de línea de la Suerte. ¿Cómo ubicarla en la palma de la mano? Generalmente, la línea del Destino nace cerca de la muñeca y atraviesa en forma vertical la palma de la mano, hasta llegar a la base del dedo Mayor.

Hay un gran porcentaje de la población que no tiene dibujada esta línea en la palma de la mano. Según las estadísticas, solamente un tres por ciento de la población posee la línea del Destino perfectamente dibujada. Y es más frecuente que exista en la mano izquierda que en la derecha.

La inexistencia de la línea del Destino, no necesariamente significa la infelicidad de la persona. En ocasiones se observa que cuando esta línea no existe, la persona será menos longeva.

QUE NOS DICE ESTA LINEA

- Asuntos mundanos, éxito, trabajo
- Bienes materiales

La línea del Destino se asocia a los asuntos mundanos, a los éxitos, al trabajo. Por medio de esta línea se puede, también, precisar la fecha de la muerte en una persona.

Se considera que la línea del Destino es larga, cuando parte de la muñeca y atraviesa toda la palma de la mano, hasta llegar a la base de los dedos. Un dato muy importante: no debe tocar los Brazaletes.

Si la línea del Destino es larga, y finaliza en la base del dedo Mayor, significa que la persona alcanzará el éxito; la línea no define en qué ámbito o profesión, pero quien la tiene sin duda su panorama será exitoso. También, es un signo de fortuna y de buena suerte en general. Tanto es así que en la antigüedad se decía que este tipo de línea del destino era un signo típico en los reyes.

Una línea del Destino larga es signo de una persona que no tiene temperamento rebelde, en general son individuos que siguen los pasos prefijados por sus progenitores. Son personas que gustan de la seguridad de la vida en general.

Cuando es corta, indica que la persona tendrá éxito, pero exclusivamente gracias a los méritos personales.

En muchos casos no parte desde la muñeca.

Si parte del monte de la Luna, significa que el sujeto posee un espíritu luchador, lo cual lo llevará a alcanzar todos los éxitos que él se haya trazado en la vida.

Cuando ésta línea parte de la mitad de la palma de la mano, es signo de que la persona es un ser rutinario. Es en el ámbito de la rutina donde se siente bien, y logra tener su propia y particular capacidad creativa.

Si la línea del Destino termina en el monte de Júpiter, es indicio de una personalidad muy ambiciosa, y de un apego desmesurado por los bienes materiales.

Cuando termina en el monte del Sol, indica una personalidad con inclinación hacia las artes, o a la política, o hacia el comercio.

Si se dirige hacia el monte de Mercurio, indica que el sujeto tendrá un destino inclinado hacia el ámbito intelectual. Es una persona que puede lograr el éxito en las cosas prácticas.

LA LINEA DEL DESTINO Y SUS MARCAS RELACIONADAS

- *Buenos signos: línea paralela (Fama)*
- *Malos signos: isla, cruz*

Cuando se encuentra una isla en la línea del Destino, es signo de que la persona se verá envuelta en adulterio o en una infidelidad. Puede ser que sea víctima o victimario.

Si se interrumpe, y reaparece antes de que termine la anterior, significa que habrá un cambio radical en la vida de la persona. En este caso, la persona en cuestión pasará por una etapa de cambio. Pero sólo si se lee la mano completa se puede saber a qué tipo de cambio se refiere.

Si existe una cruz en la línea del Destino, es indicio de mal presagio, y lo primero que hay que ver es si esa cruz se encuentra en una línea del Destino corta o larga. Cuando la cruz aparece en una línea larga, el problema aparece porque la persona es demasiado orgullosa, y este orgullo desmedido le acarreará grandes problemas de diversa índole.

En cambio si la cruz se encuentra en una línea del Destino corta, el significado es totalmente distinto, ya que surge porque la persona que tiene esa cruz es propensa a sufrir alguna clase de accidente.

De todos modos, se considera que siempre que se encuentre una cruz sobre la línea del Destino, es mal signo; en casos puntuales puede hasta llegar a ser signo de muerte violenta o repentina.

Por último, cuando existe una línea paralela a la del Destino, llamada línea de la Fama, es signo de éxito en la vida en todos los aspectos. Esta línea la analizaremos en el próximo capítulo.

CAPITULO 25

LA LINEA
DE LA FAMA

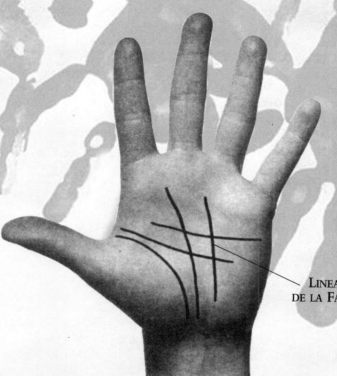

LINEA
DE LA FAMA

- Línea del Sol o de Apolo

- Refuerza la línea del destino

L a línea de la Fama es otra de las secundarias de las manos. También se la conoce como línea del Sol o de Apolo. ¿Cómo ubicarla? Corre en forma vertical por la palma de la mano y es línea paralela a la del Destino. Nace en el borde de la palma de la mano, del lado opuesto del Pulgar, y llega hasta cerca del Anular. Es muy difícil de hallar y, cuando aparece, refuerza la línea del Destino.

QUE NOS DICE ESTA LINEA

- Arte, - Reconocimiento público
- Genialidad

La línea de la Fama se relaciona con el arte, por lo que quien la posea obtendrá su prestigio como artista.

Pero no sólo significa fama, sino que va a estar permanentemente en los medios de comunicación. Sin dudas, es el presagio de que una persona va a ser famosa. En general es una línea corta que muy pocas veces llega hasta el monte del Sol. Inclusive, a veces, nace en la línea de la Cabeza y termina en la del corazón.

¿Cuándo se considera que es larga? Cuando parte de la base de la mano y llega al monte del Sol. Si una persona tiene esta línea con dichas características, seguramente será un ser genial, muchas veces hasta considerado un loco. Ello se debe a que, a veces, la genialidad está muy emparentada con la locura, pero también a los prejuicios que despierta cierta gente diferente sobre los demás.

Más aún, cuando ésta línea es demasiado larga, es un mal signo, ya que la persona se encontrará desbordada por sus facultades artísticas y no sabrá cómo manejarlas.

Lo mejores augurios provienen de una línea corta y sin defectos, ya que eso significa simplemente que la persona alcanzará la fama.

¿Qué pasa cuando no se encuentra la línea? En ese caso, significa que si bien puede llegar a ser muy importante, carecerá de reconocimiento público.

LA LINEA DE LA FAMA
Y SUS MARCAS RELACIONADAS

- Buenos signos: estrella, cuadrado
- Malos signos: horquilla, isla

Si termina en forma de horquilla, significa que el éxito logrado por la persona suele no ser muy valioso, puede durar poco, ser muy débil. Cuando se encuentra mal trazada, significa que la persona la alcanzará pero con un costo muy alto.

En los casos en que termina en forma de estrella, es signo de fama. Si se encuentra una cruz en el final significa dificultades para alcanzarla. Cuando se encuentra una isla en la línea de la Fama, es signo de adulterio. ¡Pero atención! Si además de un mal presagio de los anteriormente vistos, se encuentra un cuadrado en la línea de la Fama, todas estas dificultades pasarán a ser menores. ¿Se puede saber a que altura de la vida acaecerá cada presagio hallado en esta línea? Sí, la edad en la línea de la Fama se calcula de la siguiente forma: se considera que hasta la línea de la cabeza es la juventud; desde la línea de la cabeza hasta la del corazón, la línea representa la edad adulta; desde la línea del corazón en adelante, la vejez.

CAPITULO 26

LA LÍNEA
DE LA SALUD

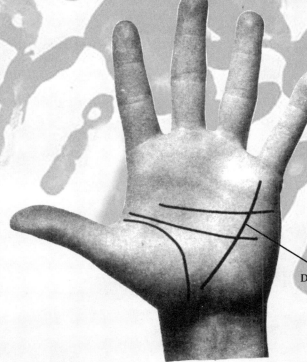

LÍNEA
DE LA SALUD

- Línea Hepática o línea de los Negocios

L a línea de la Salud, es otra de las denominadas líneas secundarias de la mano. También se la conoce con el nombre de línea Hepática, o línea de los Negocios.

La línea de la Salud, nace en el monte de Mercurio, y recorre la mano hasta llegar al monte de la Luna, o cerca de él.

QUE NOS DICE ESTA LINEA

- *Abundancia, opulencia*
- *Triángulo de la suerte*
- *Junto con la Línea Lasciva: prosperidad*

En Quiromancia, "salud" es sinónimo de "abundancia", por lo tanto cuando la línea de la Salud aparece, significa que la persona poseerá muchos bienes materiales.

Cuando en una mano no está la línea del la Salud, no es para alarmarse, sino todo lo contrario, ya que significa que la persona gozará de una buena salud en su vida.

Sin embargo, la ausencia de esta línea trae otros problemas. Cuando no se encuentra significa que la persona tendrá grandes dificultades para obtener dinero, probablemente no vivirá en la abundancia o le costará mucho esfuerzo hacer dinero.

Ahora, cuando en una mano no existe ni la línea de la Salud, ni la del Destino, ni la de la Fama, significa que le será casi imposible llegar a tener mucho dinero.

Se considera que la abundancia está ligada a la inteligencia y a la fuerza vital, por lo tanto el triángulo formado por la línea de la Vida, la de la Cabeza y la de la Salud se denomina "triángulo de la suerte". Cuanto más amplio sea, más suerte tendrá. Pero ojo, cuando la línea de la Salud toca la de la Vida o la de la Cabeza hay malas noticias.

Cuando la línea de la Salud atraviesa toda la mano, y roza la de línea la Vida, es un mal presagio: podría indicar que se está gestando una enfermedad.

Si la línea de la Salud sea clara, significa capacidad para hacer dinero.

Existe una línea que corre por la palma de la mano paralela a la de la Salud, llamada línea Lasciva. Cuando se encuentran las dos bien marcadas, es signo de prosperidad. En este caso no sólo se va a ganar dinero, sino que lo hará en forma fácil. Pero tendrán que estar atentas si no quieren perder lo que logran. Cuando la línea de la Salud tiene forma ondulada, significa que pueden aparecer problemas de salud mental.

LA LINEA DE LA SALUD Y SUS MARCAS RELACIONADAS

- *Malos signos: isla, pequeñas líneas que cortan*

Como sucede en otras líneas, también en la de la Salud se pueden encontrar diferentes signos. Cuando hay una isla, significa que la persona va a estar hospitalizada en ese período determinado, en que la marca afecta a la línea. Hay que estar muy atento cuando se encuentran pequeñas líneas que cortan la línea de la Salud, ya que esa presencia es signo de probable accidente. Y en general, cuando la línea de la Salud se encuentra interrumpida, es signo de que puede haber problemas de diversa índole a causa de debilidad.

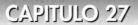

CAPITULO 27

LOS BRAZALETES

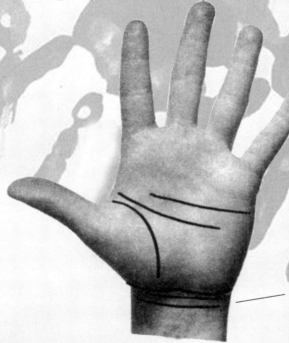

BRAZALETES

- Pulseras de la muñeca
- Pueden ser hasta tres

L a línea de los Brazaletes, es una de las denominadas líneas menores de las manos. Se conocen con el nombre de brazaletes a las líneas que se encuentran al final de la mano, justo en la muñeca. En general, son tres aunque no siempre se encuentran en una mano, la mayoría de las veces la cantidad es menor.

QUE NOS DICE ESTA LINEA

- Símbolo de buena suerte
- Relación con lo ginecológico y los embarazos

Se considera que el brazalete es un símbolo de buena suerte, dependiendo de la cantidad de líneas que se encuentren, será la suerte que tenga el sujeto.

Si se encuentra 1 (uno) brazalete la persona tendrá suerte en la vida; cuando se encuentran 2 (dos) tendrá más suerte; si se encuentran 3 (tres) será una persona con mucha más suerte en la vida.

Muchos autores consideran que los brazaletes tienen relación con la cantidad de años que una persona va a llegar a vivir.

Se considera que cada brazalete corresponde a 25 (veinticinco) años de vida de una persona. Por lo tanto, si una persona tiene 1 (uno) brazalete, vivirá 25 (veinticinco) años. Si tiene una persona, tiene 2 (dos) vivirá 50 (cincuenta) años. Y, si tiene 3 (tres) dicha persona vivirá 75 (setenta y cinco) años. Esta es una opinión muy discutida, ya que no todos piensan que ésta relación exista. Y de hecho, el promedio de vida de las personas ha ido aumentando y la cantidad de brazaletes no.

Algunos autores desestiman el estudio de los brazaletes y su importancia en cuanto a la lectura de las manos, ya que hablan de generalidades. Los brazaletes indican suerte, ¿pero suerte en qué área de la vida, en qué momento, bajo qué circunstancias?

Sin embargo hay otras cuestiones a analizar. Se considera que si en una persona estos 3 (tres) brazaletes existen, y se encuentran bien dibujados, el individuo gozará de una vida con muy buena salud.

Otra relación a tomar en cuenta, es la de los brazaletes con los problemas ginecológicos en la mujer, y en general con los embarazos. Se considera que si la línea del brazalete más cercana a la mano se arquea hacia arriba, o sea que tiene forma convexa, es signo de que la mujer tendrá problemas de tipo ginecológico, en general son problemas que se relacionan con los embarazos.

Por último, cuando una persona tiene una línea correspondiente a los brazaletes, por la mitad, significa que la suerte le llegará al sujeto en la mitad de su vida.

CAPITULO 28

LA LINEA LASCIVA

LINEA
LASCIVA

- Vía láctea

L a línea Lasciva forma parte de las denominadas líneas menores de las
manos.

También es conocida, con el nombre de Vía Láctea. Nace en el monte de
la Luna, y en su recorrido por la palma de la mano sin abandonar el monte de
Marte, se dirige hacia el monte de Mercurio. Es paralela a la línea de la Salud.

QUE NOS DICE ESTA LINEA

- Imaginación, vitalidad, amor por lo bello
- Sensualidad

La línea Lasciva, suministra una cuota extra de imaginación. De esta manera, las personas que tengan esta línea en sus manos, serán escritores fecundos, pintores destacados o, en general, artistas con un enorme talento.

Además de lo relacionado con la imaginación, la línea Lasciva, se encarga de suministrar vitalidad. También, aporta el amor por lo bello, el sentido estético, un ojo especial para observar y generar belleza y, especialmente, una fuerte atracción por las cosas sensuales.

Esta es una línea, que se torna casi imprescindible, para las personas dedicadas a las artes. ¡Qué artista podría prescindir de lo bello, de lo estético y de la sensualidad!

Cuando la línea Lasciva se encuentra dibujada en forma poco precisa, o está compuesta por pequeñas rayas, significa que se tiene una incansable imaginación, pero sólo referida a lo sexual o erótico. Al formar parte del monte de la Luna, toda esta imaginación quedará simplemente en ello.

LA LINEA LASCIVA
Y SUS MARCAS RELACIONADAS

- Malos signos: cruz, estrella

Hay muchos autores que prefieren no hablar de marcas en la línea lasciva. ¿Por qué? Porque se considera que cuando en dicha línea se encuentran signos tales como cruces o estrellas, son malos augurios. Y que están relacionados con la muerte o locura.

Como nuestra posición con respecto al destino es que es mejor saber para estar prevenido y poder revertir esa tendencia a través de la voluntad y el saber, es que mencionar esas marcas no nos asusta. Una tendencia o predisposición es simplemente eso y todos podemos trabajar para revertirlo.

CAPITULO 29

LA LINEA
DE LA INTUICION

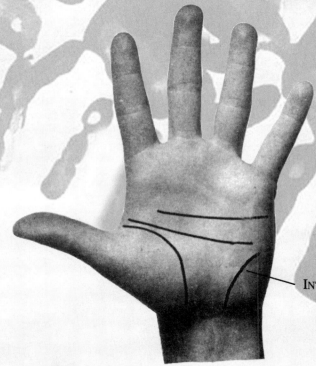

INTUICION

- *Muy difícil de hallar*

....

- *Semicírculo*

L a línea de la Intuición es una de las líneas menores de las manos. De
igual manera que ocurre con todas las líneas menores, ésta es muy
difícil de hallar.

¿Cómo ubicarla en la palma de la mano? Primero por su particular forma:

es una semicírculo. En cuanto a su posición en la mano, nace en el monte de Mercurio, y forma el mencionado semicírculo en un recorrido que concluye al llegar al monte de la Luna, o cerca de él.

Se encuentra con mucha más frecuencia en palmas del tipo Psíquico o Puntiaguda, aunque también suele hallarse en la mano cónica.

QUE NOS INDICA ESTA LINEA

- Presentimientos, sueños premonitorios
- Temerosas, impresionables

Como su nombre lo indica, esta línea denota una poderosa intuición.

En general, quienes las tienen son personas con presentimientos que luego se cumplen, y hasta con sueños premonitorios.

Justamente, por esta capacidad de vaticinar o presentir el futuro, casi siempre sin desearlo, es que la línea de la Intuición se encuentra en personas que son de naturaleza muy impresionables. Parecen siempre asustadas, temerosas de que algo las asalte por sorpresa. Es que saben que una visión puede aparecer en cualquier momento sin su control, y mostrarles alguna situación no deseada.

Son personas muy sensibles al entorno en el que viven, que sufren por los que están cerca de ellas, y muchas veces son lastimadas por los que más quieren.

CAPITULO 30

EL CINTURON DE VENUS

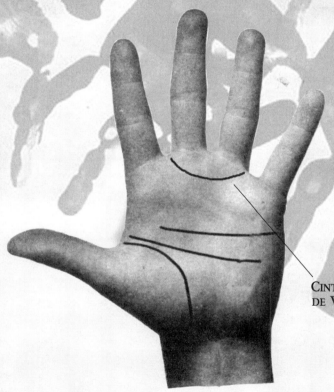

CINTURON
DE VENUS

- Semicírculo

E l cinturón de Venus, es otra de las llamadas líneas menores de las manos.

¿Cómo ubicarlo? es el semicírculo que nace entre el dedo Indice y el Mayor, y termina entre el dedo Anular y el dedo Meñique.

QUE NOS DICE ESTA LINEA

- *Susceptibilidad, extremada sensibilidad*
- *Nerviosismo, personalidad cambiante*
- *Acentúa las características negativas de la mano*
- *Arte y sexualidad*

Cuando en una mano aparece el cinturón de Venus, significa que la persona es de un temperamento muy susceptible, con una extrema sensibilidad, y muchas veces se ofenden por cualquier cosa. Esto hace que sea bastante difícil tratar con ellos, y hay gente que después de distintos malos entendidos prefieren alejarse de ellas, ya que no saben cómo tratarlas sin que se produzcan problemas.

Además de su susceptibilidad o justamente a causa de ella, quienes tienen el cinturón de Venus son personas nerviosas y cambiantes.

Esta línea trae otro efecto no deseable adicional: cuando aparece la línea del cinturón de Venus, todas las características negativas de la mano se acentúan. Si la persona tiene indicios de ser nerviosa, y posee esta línea, será histérica; si presenta signos de ser temerosa, con el cinturón de Venus, será una persona paranóica.

Pero no todas son malas noticias: también el cinturón de Venus es un signo que se encuentra, en general, en las manos de las personas que se vinculan con las artes.

Y cuando en una mano aparece el cinturón de Venus, es también indicio de una personalidad con mucho apetito sexual. Por lo general, son personas con un poderoso "sex appeal".

En cambio, cuando el cinturón de Venus se encuentra entrecortado, es signo de que la persona padece de problemas sexuales. En general, son sujetos que cuentan con un gran apetito sexual, pero que no logran saciar.

Cuando el cinturón de Venus llega hasta el borde de la mano, y al hacerlo roza la línea del Matrimonio, significa que la pareja pasará por graves crisis a causa del temperamento de la persona analizada.

CAPITULO 31

LA LINEA DEL MATRIMONIO

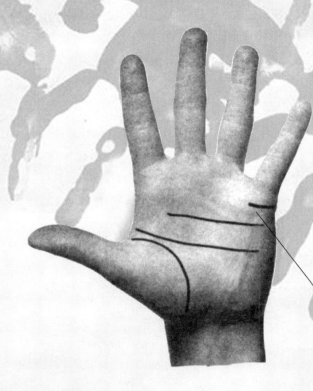

LINEA DEL
MATRIMONIO

- Puede no ser única

L a línea del Matrimonio, es otra de las llamadas líneas menores de las manos. Su particularidad es que puede no ser única, es decir, que en una palma podemos encontrar más de una línea de este tipo. La cantidad de líneas del matrimonio posibles no está previamente estipulada.

¿Dónde se ubica esta línea? Se encuentra en el monte de Mercurio.

QUE NOS DICE ESTA LINEA

- Relaciones amorosas
- Feliz: recta y sin malos signos

Cada línea del matrimonio representa una relación amorosa que tendrá el sujeto. La línea no necesariamente marca un casamiento, puede también ser símbolo de una relación sentimental profunda y duradera, que no se formalizó desde el punto de vista de los requisitos legales, por determinadas circunstancias.

¿Cómo tiene que ser la línea del matrimonio para que sea signo de felicidad? Debe ser de forma recta y no debe contar con malos signos.

Cuando la línea se curva hacia abajo, y aparecen determinadas marcas, puede llegar a significar que el cónyuge del analizado morirá antes que la persona que tenga la marca.

Si la línea del Matrimonio se curva hacia arriba, significa que a esa persona le resultará muy difícil concretar un matrimonio; sólo lo logrará a base de mucha paciencia y voluntad. Puede pasar que se encuentren dos líneas del Matrimonio, y una se curve hacia arriba y la otra no; en este caso se puede interpretar que esa relación no terminará en casamiento.

LA LINEA DEL MATRIMONIO
Y SUS MARCAS RELACIONADAS

- Malos signos: isla, horquilla

Por lo general, cuando se encuentre una isla en la línea del Matrimonio, significa que la persona atravesará por un período de problemas conyugales, pudiendo llegar a concretarse una separación de la pareja por el tiempo en que permanezca la isla.

¿Se puede determinar un posible divorcio observando la palma de una mano? Sí, al menos la probabilidad de que ocurra. El divorcio se encuentra representado en la línea del Matrimonio cuando ésta se curva hacia abajo y termina en forma de horquilla.

Si existe otra línea fina que recorre la mano, en forma paralela a la del Matrimonio, significa que la persona tendrá otra relación amorosa, luego de finalizada la anterior.

De la línea del Matrimonio surgen las de los hijos. Pero de estas líneas hablaremos más adelante.

CAPITULO 32

LA LINEA
DE LOS VIAJES

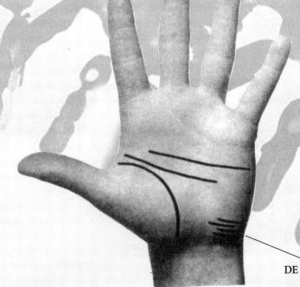

LÍNEA
DE LOS VIAJES

- Viajes verdaderos e interiores

L a línea de los viajes es otra de las menores de las manos. Se encuentra en la base de la palma de la mano en el monte de la Luna, del
lado opuesto al dedo pulgar.

Cuando se encuentra solamente una línea de viaje, y ésta se halla
perfectamente marcada, significa que el lugar donde vivirá esa persona no
será el mismo en el cual nació.

Si se encuentra más de una línea, significa que se harán diferentes viajes y éstos pueden ser por mar o por tierra.

No todos los viajes aparecen representados en la línea de la mano. Pero cuando uno se encuentra representado en una línea de viaje significa que, por un motivo o por otro, será lo suficientemente importante para esa persona.

Se considera que cuando ésta línea corta la de la Vida, significa que la persona tendrá que realizar un viaje por razones de salud.

LA LINEA DE LOS VIAJES Y SUS MARCAS RELACIONADAS

- Buenos signos: cuadrado
- Malos signos: cruz, pequeñas líneas

Cuando se encuentran cuadrados en las líneas de los viajes la persona cuya palma se analiza puede sentirse seguro, ya que dicha marca significa que el viaje o los viajes que emprenda, gozarán de una protección extra.

En cambio, cuando pequeñas rayas cortan la línea, formando una cruz, quiere decir que la persona tendrá problemas en ese viaje en particular.

Y algo muy importante a tener en cuenta: cuando una línea de viaje corta la línea del destino, significa que la vida de la persona va a tener un cambio profundo debido a ese viaje. O sea que tal vez no sea el viaje en sí mismo lo digno de destacarse, sino la modificación que el mismo produzca al individuo. Se considera que ese viaje tendrá las particularidades de viaje ini- ciático, es decir, que se deja una etapa de la vida para comenzar otra.

CAPITULO 33

LAS MARCA DE LAS MANOS

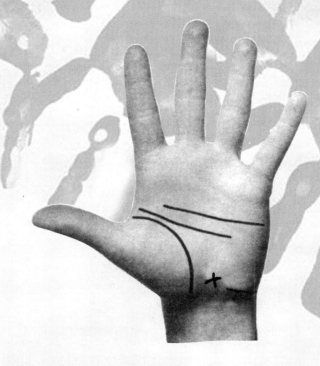

En los capítulos anteriores fuimos viendo qué significaban distintas marcas cuando se entrometían en el trazado de algunas de las líneas principales o secundarias. ¿Pero qué son exactamente esas marcas? ¿Cómo identificarlas? ¿Qué otros significados tienen? Todo esto lo veremos en este capítulo y en los siguientes.

Como para cualquier observación a través de la Quiromancia, lo primero es mirar, atentamente y con detenimiento las palmas de las manos. Sólo así se podrán vislumbrar diferentes marcas.

Pero atención, las marcas se pueden detectar no sólo en el recorrido de las líneas sino también en la superficie de un monte, o en un dedo. Las marcas que se encuentran más frecuentemente en las manos son:

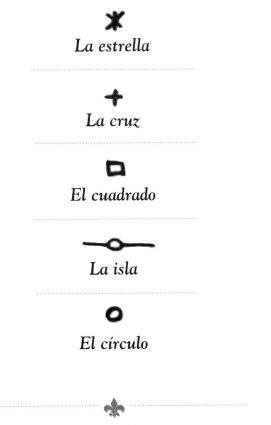

La estrella

La cruz

El cuadrado

La isla

El círculo

CAPITULO 34

LA ESTRELLA

- *Buena suerte*

- *Debe tener cinco puntas*

L a estrella es un signo que reviste una gran importancia para la Quiromancia. Por lo general, se relaciona con la buena suerte y para que sea considerada como tal debe contar con cinco puntas por lo menos.

Pero su significado particular no es único y dependerá del lugar de la mano en que se encuentre la estrella. A continuación, estos distintos significados.

La estrella en el monte de Júpiter

- *Superior: poder y honores*
- *Inferior: ambición*

Cuando se encuentra una estrella en el monte de Júpiter, el siguiente paso es observar en qué lugar se encuentra, ya que puede tener dos significados diferentes. Lo importante es determinar si la estrella se encuentra en la parte superior del monte o en la inferior.

Si la estrella se encuentra en el punto más elevado, es para ponerse contento y se lo debe interpretar como un buen indicio. Seguramente, la persona llegará a tener mucho poder, se le rendirán grandes honores en la sociedad, gozará de prestigio social, será respetada y seguida por la gente.

Si una persona no solamente tiene una estrella en el punto más elevado del monte de Júpiter, sino que además se puede observar en su palma una línea del Destino claramente marcada, una línea de la Cabeza de características fuertes, y una buena línea del Sol, entonces dicha persona llegará adonde se lo proponga, tan alto como lo desee. Estamos frente a la mano de un líder.

Si por el contrario, la estrella se encuentra abajo en el monte de Júpiter, casi en la base o en la base misma, seguramente corresponde a un temperamento muy ambicioso. Pero hay una gran diferencia entre estas personas y las que tienen la estrella en la parte superior del monte de Júpiter: si bien se relacionarán a lo largo de su vida con seres distinguidos, si la mano no es muy buena, alguien con estrella en la parte inferior tiene pocas posibilidades de llegar a ser, distinguido y poderoso.

La estrella en el monte de Saturno

- *Centro: fatalidad*
- *Fuera del monte: contacto con un famoso y mala persona*

Cuando la estrella se encuentra en el centro del monte de Saturno, se considera que es un signo de terrible fatalidad. Corresponde a una persona que no logra tomar las riendas de su propia vida, que se encuentra regida por las circunstancias, y no por sus propias decisiones. A este tipo de personas les cuesta modificar su propio destino y no cuentan con la capacidad para manejarlo.

Se considera que si la estrella, se encuentra casi fuera del monte de Saturno, es signo de que esa persona conocerá a una persona famosa no por actos buenos, sino por algo malo como algún tipo de estafa bancaria o malversación de fondos referida a las finanzas: estafador, corrupto, usurero, etcétera.

3 La estrella en el monte del Sol

- *Riqueza*
- *Mucho esfuerzo para alcanzar la felicidad*

Cuando la estrella se encuentra en el monte del Sol, es señal de que esa persona, tiene muchas probabilidades de volverse rica en algún momento de su vida. Sin dudas tendrá una gran cantidad de dinero y también será un individuo de la alta sociedad. Puede ser que su ingreso en la alta sociedad no sea de cuna sino por un casamiento o en función a sus méritos y contactos. Pero ,por otro lado, les costará mucho esfuerzo ser felices, y de acuerdo con observaciones de casos realizadas, no son muchos los que teniendo este tipo de marca, lo logran. Si la estrella se encuentra cerca del monte del Sol, pero no sobre él, significa que dicha persona conoceá a un individuo muy rico. Pero como la estrella se encuentra cerca del monte del Sol y no sobre él, la persona cuya palma se observa difícilmente llegue a poseer una gran cantidad de dinero.

En los casos en que la estrella se conecta con la línea del Sol, significa que esa persona gozará de fama debido a su propio talento, en general, relacionado con alguna rama particular del arte, puede ser tanto un artista plástico como quien trabaja vendiendo cuadros.

4 La estrella en el monte de Mercurio

- *Gran brillo*
- *Exito en ciencias y negocios*

En los casos en los que la estrella se encuentra en el monte de Mercurio, significa que la persona será poseedora de un gran brillo. En general, tienen todas las condiciones para obtener un gran éxito en las ciencias o con los negocios. Cuando se encuentra a un lado es indicio de que se relacionará con gente distinguida.

5 La estrella en el monte de Marte

- *Gran talento*
- *Logro de metas*

Cuando en una mano, la estrella se encuentra en el monte de Marte, se lo considera un buen indicio.

Quienes tienen este tipo de marca son personas que poseen un gran talento, pero además saben ejercer la paciencia, y lo que es más importante, son poseedoras de un agradable carácter. Por eso, cuando aparece la estrella en el monte de Marte, significa que esa persona posee el equipaje necesario para lograr lo que se proponga en la vida: gracias a su propio talento, al ejercicio de su paciencia, a su buen carácter, y a su resignación cuando ésta sea necesaria, logrará alcanzar metas. Estas personas tienen todas las condiciones para llegar a la cumbre.

6 La estrella en el monte de la Luna

- *Imaginación*
- *Celebridad*

Cuando en una mano, se encuentra una estrella en el monte de la Luna, es signo de que es poseedora de una inagotable imaginación.

Fantaseará, inventará historias, algunos le dirán que vive en las nubes, pero lo más probable es que en algún momento de la vida llegue a ser una personalidad célebre. Y todo gracias a esa increíble imaginación que más de uno habrá criticado o al menos subestimado.

7 La estrella en el monte de Venus

- *Suerte*
- *Fuera del monte: amoríos*

Cuando en una mano, la estrella se encuentra en el centro del monte de Venus, significa que la persona tendrá mucha suerte en la vida, será alguien muy afortunado.

Si bien la suerte que poseen se manifiesta en muchos campos, las personas con esta marca son individuos que se caracterizan especialmente por tener mucha suerte en el amor.

Cuando la estrella, en lugar de encontrarse en el centro se encuentra en la parte superior del monte de Venus, se considera que tiene idéntico significado que en el caso anterior. Es decir, con mucha suerte.

En cambio si la estrella está a un lado del monte de Venus, el significado cambia. En este caso la persona en cuestión tendrá una serie de amoríos con gente destacable por ser muy distinguida, pero no será distinguida ella misma, ni esos amoríos la harán necesariamente feliz.

8 La estrella en los dedos

- Exito en actividades y emprendimientos

Cuando la estrella se encuentra en los dedos, es un indicio, de éxito en todas las actividades que emprenda. Particularmente si se encuentra en la primera falange del pulgar la persona tendrá éxito gracias a su fuerza de voluntad.

9 La estrella en la línea de la Vida

- Crisis

Lamentablemente, cuando en una mano se encuentra una estrella en la línea de la Vida, no es un buen signo.Nos está indicando una crisis en la vida. En algunos casos se ha observado que la estrella está advirtiendo una crisis originada por algún problema de salud.

10 La estrella en la línea de la cabeza

- Hazaña intelectual

Cuando en una mano, se encuentra una estrella en la línea de la cabeza, significa que la persona realizará una hazaña intelectual importante. Las opciones son múltiples y difíciles de predecir, pero podemos estar frente a la mano de un investigador o hasta un candidato al Premio Nobel.

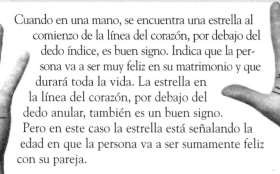

11 La estrella en la línea del corazón

- Feliz matrimonio

Cuando en una mano, se encuentra una estrella al comienzo de la línea del corazón, por debajo del dedo índice, es buen signo. Indica que la persona va a ser muy feliz en su matrimonio y que durará toda la vida. La estrella en la línea del corazón, por debajo del dedo anular, también es un buen signo. Pero en este caso la estrella está señalando la edad en que la persona va a ser sumamente feliz con su pareja.

12 La estrella en la línea del Destino

- Exito

Cuando se encuentra una estrella en el final de la línea del Destino, significa que está marcada con el éxito y garantiza mucho éxito en la actividad que emprenda. Si está en el final de la línea del Destino, por debajo del dedo anular, es signo de que se obtendrá éxito en el ámbito creativo. Estas personas son seres de una gran creatividad, que se potencia por la ayuda de la estrella en la línea del Destino.

Si la estrella se encuentra al final de la línea del Destino, por debajo del índice, es signo de fama. Pero hay una diferencia con los casos anteriores: si bien dicha persona será famosa, el éxito no provendrá del ámbito creativo.

Por último, cuando la estrella se encuentra al final de la línea del Destino, por debajo del dedo mayor, indica que la persona también será exitosa, pero en este caso el triunfo sólo le llegará luego de años de sacrificio y trabajo. Se puede decir que se tratará de un éxito merecido, y no del producto del azar.

CAPITULO 35

LA CRUZ

- *Problemas, desilusiones, peligros*

L a cruz, a diferencia de la estrella, rara vez es un signo favorable. Todo lo contrario, por lo general, es indicio de problemas, de desilusiones y de peligros. Una de las pocas veces, en que la cruz se considera un signo favorable, es cuando se encuentra en el monte de Júpiter.

1 La cruz en el monte de Júpiter

- Un gran afecto

Si la cruz se encuentra en el monte de Júpiter es un buen indicio. En este caso, significa que esa persona tendrá un gran afecto en su vida. Si, además de esto, la línea del Destino nace en el monte de la Luna, esta característica se incrementará, con lo cual esa persona tendrá más de un solo afecto en la vida.

Por otro lado, también es factible conocer en qué momento de la vida este hecho se producirá. Para poder calcularlo, se deben seguir los siguientes pasos:

Observar en que lugar exacto se encuentra la cruz.

● *Cerca de la línea de la Vida, significa que tendrá un afecto verdadero temprano en la vida.*

● *En la cumbre del monte Júpiter, el afecto se encontrará hacia la mitad de la vida.*

● *Cerca de la base del monte de Júpiter, el afecto va a ser encontrado hacia el final de la vida.*

2 La cruz en el monte de Saturno

- Posibilidad de accidente

Cuando la cruz, se encuentra en el monte de Saturno, se considera que es un mal presagio.

En el caso en que la cruz toque la línea del Destino, podría significar que la persona tiene posibilidades de morir en forma violenta o por alguna causa debida a un accidente. Pero como siempre advertimos, las tendencias marcadas no son irremediables; la persona en cuestión deberá estar atenta y cuidarse de este tipo de incidentes, para así modificar esa tendencia que la afecta. Cuando la cruz, está en el centro del monte de Saturno, significa que la persona, aunque no padezca reales inconvenientes o problemas, sufrirá un aumento de su propia tendencia fatalista frente a la vida.

3 La cruz en el monte del Sol

Cuando la cruz, se encuentra sobre el monte del Sol, también es un mal signo. En este caso la marca significa que la persona sufrirá terribles desilusiones relacionadas con su gran deseo o ambición por ser famosa. Estará mal no sólo porque la fama nunca será alcanzada sino porque en la persecución obsesiva por llegar a ella se verá envuelto en innumerables problemas y vicisitudes.

Pero los inconvenientes no se presentan sólo con la fama. En general las personas con este tipo de marca son seres que además de no ser famosos tampoco podrán llegar a tener grandes sumas de dinero, por mucho que se esfuercen.

4 La cruz en el monte de Mercurio

- *Deshonestidad*

Cuando en una mano se encuentra una cruz en el monte de Mercurio, lamentablemente tampoco es un buen indicio. Este tipo de marca nos advierte que estamos frente a personas deshonestas.

También puede suceder que no sean necesariamente seres poco honestos, sino que presentan múltiples personalidades y no son individuos en los cuales no se puede confiar.

5 La cruz en el monte de Marte

- *Enemigos*
- *Personalidad dura y violenta*

Cuando en una mano se encuentra una cruz en el monte de Marte por

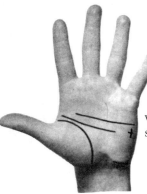

debajo del de Mercurio, presagia una aparición peligrosa de uno o varios enemigos.

Si la cruz se encuentra en el monte de Marte, pero por debajo del monte de Júpiter, es indicio de una personalidad dura y violenta. Esta persona, será agresiva por naturaleza, y probablemente la vida lo enfrente a situaciones violentas.

6 La cruz en el monte de la Luna

- Imaginación vs. realidad

Cuando en una mano, se encuentra una cruz en el monte de la Luna, es un mal indicio, porque, tendrá una férrea imaginación, pero en este caso no será una característica positiva, sino que lo llevará por mal camino porque la persona carecerá totalmente de sentido de la realidad.

Con esta marca, son ese tipo de individuo que embauca a los demás de tal forma que hasta él mismo se cree sus propias mentiras. Sus cuentos e inventos son pensados y contados de una forma tan vívida, que se le terminan convirtiendo en realidades y el mismo pierde la noción de que inventó y qué no.

7 La cruz en el monte de Venus

- Problemas afectivos

Cuando en una mano se encuentra una cruz sobre el monte de Venus, es un mal presagio. En este caso, la cruz, significa que la persona padecerá importantes conflictos en relación con sus afectos. Quienes tienen este tipo de marca es muy probable que atraviesen por una época muy difícil ocasionada por sus amistades o por sus relaciones familiares.

8 La cruz en la línea de la Vida

- Peligro, estado de alerta

Cuando en una mano se ve una cruz en la línea de la Vida, significa peligro, que puede ser de diverso tipo por lo que lamentablemente la persona con esta marca deberá vivir en un estado de alerta para evitar que ésotos se concreten en la realidad.

9 La cruz en la línea de la cabeza

- Crisis

Cuando en una mano, se encuentra una cruz sobre la línea de la cabeza, significa que la persona atravesará en algún momento de su vida por una severa crisis. Y en la mayoría de los casos se originan en un problema mental, que puede ser desde una depresión hasta un brote.

10 La cruz en la línea del corazón

- Angustia relacionada con un ser querido

Cuando en una mano, se encuentra una cruz en la línea del corazón, es una mal presagio. En este caso, la cruz es indicativa de una probable muerte de un ser querido. Y la persona que presenta dicha marca atravesará por un difícil período de dolor causado por la pérdida de ese ser cercano. Haciendo una lectura más completa de la mano, se podrá saber cómo influirá dicha muerte en la personalidad del individuo analizado.

Pero no siempre esta marca significa muerte. En algunos casos es signo de que alguien le destrozará el corazón, lo hará sufrir. Y debido a esta desilusión amorosa, pasará por un difícil trance, del que sólo saldrá a fuerza de voluntad.

11 La cruz en la línea del destino

- Contratiempos económicos

Cuando en una mano, se encuentra una cruz sobrepasando la línea del Destino, es signo de que la persona pasará por contratiempos económicos.

Pero más allá de que, en algún momento de su vida, atravesará una difícil etapa debido a problemas de índole económica, lo más importante es hacer una lectura más completa de la palma de su mano. El objetivo es poder determinar si esta situación le acarreará, o no, mayores inconvenientes, si afectará otros aspectos además del económico.

12 La cruz en la línea de la fama

- Caída social, mala fama

Cuando en una mano, se encuentra una cruz junto a la línea de la fama, es un mal presagio. En este caso la persona, atravesará difíciles momentos a causa de contratiempos originados por un derrumbe de su posición social. Esta situación será una difícil prueba en la vida de esta persona. Por lo general su derrumbe sobreviene debido a un mal uso de su nombre, tal vez una situación en la que el individuo quiere obtener una ventaja o prebenda gracias a su fama, y esto termina acarreándole problemas de tipo sociales, de descrédito, o incluso de mala fama.

CAPITULO 36

EL CUADRADO

- Marca de protección

E ntre todas las marcas que pueden encontrarse en una mano, ésta es la que encierra mayor interés para la Quiromancia. Algunos autores, la reconocen como la "marca de la protección". Y de dónde se ubique en la palma de la mano, dependerá el aspecto de la vida sobre el cual la persona estará protegida.

El cuadrado
en el monte de Júpiter

- *Protección contra la ambición desmedida*

Cuando en una mano, se encuentra una cuadrado en el monte de Júpiter, es un buen augurio. En este caso, es signo de que esa persona estará protegida contra todos los problemas que podrían causarle su ambición desmedida.

El cuadrado
en el monte de Saturno

- *Protección contra la mayoría de las fatalidades*

Si en el monte de Saturno hay un cuadrado es un buen presagio. En este caso, significa que la persona estará protegida contra la mayoría de las fatalidades. Pero especialmente protege contra las vicisitudes relacionadas con su trabajo, y a los posibles desastres causados por problemas financieros.

El cuadrado
en el monte del Sol

- *Protección contra el deseo desmedido de fama*

Cuando es el cuadrado el signo que se encuentra en el monte del Sol, es un buen presagio: significa que el sujeto se estará protegido contra todos los posibles problemas que pueda causar su anhelo desmedido por alcanzar la fama.

El cuadrado
en el monte de Mercurio

- *Protección contra temperamento inquieto y belicoso*

Cuando el cuadrado se esté en el monte de Mercurio significa que la persona se encontrará protegida contra los posibles problemas que puede causarle su temperamento inquieto y belicoso.

5 El cuadrado en el monte de la Luna

- Protección contra exceso de imaginación

Cuando en una mano se encuentra un cuadrado sobre el monte de la Luna significa que la persona estará protegida contra los exceso de imaginación. Pero además esta marca tiene un efecto adicional: cuando el cuadrado se está en el monte de la Luna, la persona esrará a salvo de los efectos adversos que puedan llegar a causar otras líneas de la mano.

6 El cuadrado en el monte de Marte

- Protección contra terceros

Cuando en una mano se encuentra un cuadrado sobre el monte de Marte, es un buen presagio. En este caso, es signo de protección contra los peligros causados por terceros, y en especial los enemigos.

7 El cuadrado en el monte de Venus

- Protección contra peligros

Si en una mano, el cuadrado está en el centro del monte de Venus quiere decir que el individuo se encontrará a salvo cuando sus grandes pasiones lo traicionen. Gracias al cuadrado, siempre logrará salir ileso.

8 El cuadrado en la línea de la Vida

- Protección contra la muerte

Cuando la línea de la Vida atraviesa un cuadrado, es sinónimo de protección contra la muerte. Y atención: esto ocurre, aunque la línea de la Vida se corte en este punto. Si el cuadrado está en el monte de Venus por dentro de la línea de la Vida, significa que la persona, se encuentra resguardada de los conflictos pasionales. En los casos en que se encuentra fuera de la línea de la Vida, rozándola desde el monte de Marte, es signo de que sufrirá un encarcelamiento, real o espiritual, que lo mantendrá recluido del mundo.

9 El cuadrado y la línea de la cabeza

- Protección contra enfermedades cerebrales

El cuadrado sobre la línea de la cabeza, es signo de que la persona se encuentra protegida contra los posibles problemas ocasionados por enfermedades cerebrales. También significa fortaleza intelectual. Además denota que la persona está realizando un gran esfuerzo relacionado con el trabajo, en el momento en que la marca lo indica, y que está atravesando por una difícil etapa, llena exigencias y de ansiedades no resueltas.

10 El cuadrado y la línea del corazón

. Profundo conflicto con los afectos

Pero cuando un cuadrado está atravesando la línea del corazón, entonces es un mal presagio. En este caso, es signo de que la persona atravesará un difícil momento en su vida, y ello se deberá a un profundo conflicto afectivo.

11 El cuadrado y la línea del Destino

- Crisis social por problemas económicos

Cuando la línea del Destino atraviesa un cuadrado, tampoco es un buen signo. Advirtiendo que es posible que la persona atraviese por una dura crisis en su vida social que se deberá, probablemente, a un desastre económico. Sin embargo, si la línea cruza en forma recta el cuadrado, el peligro se encuentra neutralizado. Si la línea solamente roza el cuadrado, significa que esa persona se encuentra protegida contra algún posible accidente.

CAPITULO 37

LA ISLA

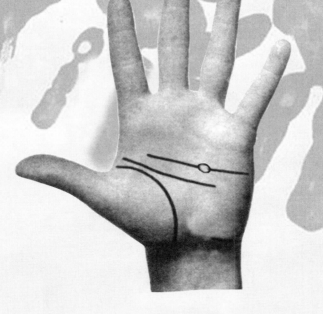

*- Influye sólo en el monte
o línea donde se encuentra*

S i bien la isla no es considerada un signo de buen presagio, su efecto no es determinante ya que es una marca que solamente influye dentro del monte, o de la línea, en que se encuentre.

1 La isla en el monte de Júpiter

- Problemas de autoestima

Cuando observando una mano encontramos una línea que forma una isla en el monte de Júpiter, estamos ante un mal presagio. En este caso la persona se verá envuelta en problemas originados en una baja autoestima, su orgullo se verá menoscabado y su ambición debilitada. Se tendrá que poner mucha voluntad para superarlo; un buen camino es buscar ayuda para recuperar la estima perdida.

2 La isla en el monte de Saturno

- Momentos de dolor

Cuando se encuentra una isla en el monte de Saturno, también es un mal presagio, ya que significa desdichas y momentos de dolor para el sujeto. La persona observada pasará por un mal trance y ello sucederá en el momento de la vida en que se encuentre la isla.

3 La isla en el monte del Sol

- Etapa de baja creatividad

Una isla, sobre el monte del Sol, significa que la persona pasará por una etapa de poca inspiración o baja creatividad. Esto se aplica a quienes se dedican al arte. El período de baja inspiración se mantendrá durante el tiempo que la marca de la isla afecte a el monte.

4 La isla en el monte de Mercurio

- Baja concentración, dispersión

Cuando la isla se encuentra sobre el monte de Mercurio, es signo de que la persona será demasiado cambiante, y ésto le impedirá tener éxitos relacionados con los negocios. Las personas con esta marca son dispersos por naturaleza, con una capacidad de concentración muy limitada. Esto también les acarrea problemas en los estudios.

5 La isla en el monte de la Luna

- Dificultad para concretar proyectos

Significa que, si bien la persona contará con una inagotable imaginación, tendrá dificultades para llevar a cabo sus proyectos. Vivirá inventando cosas maravillosas, empresas ingeniosas, negocios brillantes, pero sin poder concretarlos.

6 La isla en el monte de Marte

- Cobardía, debilidad

Qiere decir que es de temperamento algo cobarde, y que su espíritu es débil. El mayor trastorno que les sobreviene es que no saben defenderse ante un ataque.

7 La isla en el monte de Venus

- Pérdida de orgullo

Significa que esa persona, posiblemente, pierda su orgullo. Esta característica de debilitamiento puede hacer que baje la guardia en cuanto a lo que espera de la vida. En algunos casos indica problemas sexuales.

8 La isla en la línea de la Vida

- Enfermedad latente

Es signo de que alguna enfermedad, importante o no, está latente en la vida de esa persona. Se puede saber en qué momento de la vida esto sucederá, y para ello, se deberá estudiar el tiempo que marca esa isla en la línea de la Vida.

9 La isla en la línea de la Cabeza

- Problema mental hereditario

Si es muy marcada, es signo de desorden o atraso mental. Común en las personas con Síndrome de Down.

10 La isla en la línea del Corazón

- Problemas cardíacos, o depresión

Significa que padecerá problemas cardíacos, y esto sucederá mientras dure la isla. Algunos autores consideran que esta marca también puede indicar un difícil período de depresión por el que deberá atravesar la persona.

11 La isla en la línea del Destino

- Falta de suerte

Quiere decir que la persona atravesará por un período muy difícil en el que no podrá contar con que la suerte estará a su favor. Pero en todo lo que afecta la marca de la isla, este período durará lo que dure la marca.

12 La isla en la línea de la fama

- Gran escándalo

Es signo de que la persona pasará por un momento donde perderá su posición social o su buen nombre debido a que se verá envuelta en un gran escándalo, del que no podrá salir durante el período que afecta la marca a esa línea.

13 La isla en la línea de la salud

- Enfermedades

En este caso nos encontramos ante una marca que presagia que el individuo atravesará por una difícil etapa en la que padecerá diversas enfermedades, y éstas se producirán en el momento que se encuentre esta isla.

CAPITULO 38

EL CÍRCULO

- Mal signo, excepto en el Monte del Sol

En Quiromancia el círculo es considerado un mal signo. Pero hay una excepción: si el círculo se encuentra en el monte del Sol deja su aspecto negativo y se convierte en un buen presagio.

En lo demás montes siempre es un signo desfavorable, y en líneas generales significa desdicha.

Cuando un círculo toca alguna línea, es presagio de desdicha en esa línea en particular, y en el momento en que la toca.

Cuando se encuentra más de un círculo, se denomina "cadena" por la similitud de su aspecto con eslabones encadenados.

1 El círculo en el monte de Saturno

- Problemas de comunicación

Tener esta característica significa que la persona padecerá, en ese momento, problemas de comunicación. Sus dificultades para comunicarse pueden deberse tanto a problemas de tipo psicológicos de la persona en particular, como a aspectos más tangibles. Por ejemplo, puede ser que la persona se encuentre sola o aislada por algún motivo, o que necesite imperiosamente comunicarse con alguien que no se halla disponible o que está físicamente en otro lugar.

2 El círculo en el monte de la Luna

- Ahogos

Significa que la persona tiene tendencia a ahogarse, o puede correr peligro de ahogo. Las personas con esta marca suelen sofocarse con facilidad o, incluso, sentir claustrofobia.

3 El círculo en la línea de la Vida

. Problemas de salud o accidentes

Cuando en una mano se encuentra un círculo en la línea de la Vida, es un mal presagio. En este caso, el círculo indica posibles problemas de salud o hasta peligro de accidentes. La persona deberá estar atenta a este tema en el período que la marca afecta a la línea de la vida, y es aconsejable que se controle periódicamente para revertir esta tendencia.

4 El círculo en la línea de la cabeza

- Incapacidad para resolver problemas

Denota falta de lucidez para solucionar los problemas a los que deba enfrentarse la persona, en ese momento determinado de la vida en que la marca afecta a esta línea.

5 El círculo en la línea del Corazón

- Tensión por problemas afectivos

Cuando en una mano se encuentra un círculo en la línea del Corazón, es también un mal presagio. En este caso, el círculo significa que la persona atravesará por difíciles momentos de tensión a causa de un problema afectivo. Sus problemas con los afectos lo pondrán irritable y hasta agresivo.

6 El círculo en la línea del Destino

- Problemas económicos

También, cuando observando una mano encontramos un círculo en la línea del Destino, estamos frente a un mal presagio.

En este caso, el círculo significa que la persona atravesará por una difícil etapa en su vida, originada en graves problemas de índole económico.

7 El círculo en la línea del Matrimonio

- Problemas de pareja

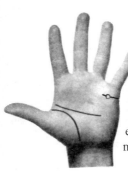

Cuando en una mano hay un círculo sobre la línea del Matrimonio, lamentablemente es un mal presagio. En este caso, el círculo significa que la persona atravesará por una etapa muy difícil, debido a que padecerá problemas en su matrimonio, o en su pareja. Se considera que, para las personas con esta marca los problemas matrimoniales son de muy difícil resolución, siendo esperable la situación de que la pareja dé vueltas y vueltas sobre el mismo problema, sin poder hallar una solución viable.

CAPITULO 39

LAS MARCAS SINGULARES

E n Quiromancia se puede decir que existen dos tipos de manos bien diferenciadas: las manos completas, también denominadas llenas, y las manos vacías. ¿Qué significa esta diferencia? Las manos completas son aqué-llas en las cuales se encuentran una enorme cantidad de líneas y de signos. Las manos vacías, por el contrario, son las manos donde solamente se vislumbran las líneas principales, y algunas secundarias.

Como ya dijimos anteriormente, toda la personalidad de un individuo puede apreciarse observando la palma de su mano. Y la diferencia entre manos llenas y vacías no escapa a este concepto.

• **Las manos llenas**: por lo general, corresponden a personas que poseen un temperamento muy nervioso, con grandes conflictos y que se encuentran siempre hallando problemas donde no los hay. Lo más probable es que esta persona tenga una vida plagada de complicaciones y conflictos que resolverá de diversa manera.

• **Las manos vacías:** son gente muy simple, con carácter alegre, directas, y tratan constante, e inconscientemente, de minimizar los problemas; para ellos "todo está bien". Posiblemente tenga una vida más simple y distendida.

Y en función a lo dicho anteriormente, una mano llena estará repleta de marcas. Las marcas hasta ahora vistas, tienen la característica de influir dentro del monte, de la línea, o del dedo donde se la encuentren. Se podría decir, que se trata de marcas "dependientes", dado que el significado de cada una depende de dónde se encuentre localizada.

Pero existe otro tipo de marcas, que son las llamadas "singulares". Su característica principal es que pueden aparecer, o no, en una mano, pero cuando están significan algo en concreto que no depende de dónde esté localizada. Por eso, se dice que son de carácter independiente.

Las marcas singulares están formadas por: la Cruz de la Batalla, la Cruz Mística, la Letra "M", el Anillo de Saturno, el Anillo del Sol, el Anillo de Salomón, el Anillo de Mercurio, la Cadena del dedo Pulgar, el Triángulo, el Angulo de la suerte y el Cuadrángulo.

La Cruz de la Batalla

- Consagración a un ideal

Es un signo con forma de cruz que se puede encontrar en la palma de la mano. Por lo general esta Cruz se encuentra dentro del triángulo que queda delimitado por la línea de la Vida, la de la Cabeza y la de la Salud.

En otra época, los autores la consideraban un signo que aparecía en las personas que iban a morir en la guerra.

Hoy en día el significado es más amplio y se considera que la persona que presenta en su mano la Cruz de la Batalla, es un individuo que va a dedicar su vida a un ideal.

Quienes tienen esta marca son personas que, por su forma de ser, por la vehemencia con que luchan por un ideal, por su empecinamiento en defender sus ideales a capa y espada, tienen una fuerte tendencia a crear discordias y oposiciones.

Tienen personalidades muy fuertes y, muchos de ellos, fueron muy admirados por el mundo entero.

2 La Cruz Mística

- Espiritualidad

Es un signo que tiene forma de cruz. ¿Cómo diferenciarla de cualquier otra cruz? Porque ella, si existe, se encuentra justo en el medio de la palma de la mano, entre la línea de la Cabeza y la del Corazón.

¡Atención para los que quieren dedicarse a la Quiromancia! Se considera que cuando esta marca aparece en una mano es una señal de que la persona en cuestión se dedicará a las ciencias ocultas. Pero más allá de su inclinación, las personas que tienen esta marca son, en general, personas sumamente espirituales, quienes no dudan en renunciar o dejar de lado los logros mundanos para abocarse de lleno al campo de la espiritualidad.

3 La Letra "M"

- Buena fortuna

La Letra "M", es una letra que aparece marcada sólo en algunas palmas de las manos. Este signo es conocido, también, con el nombre de "M" Mágica. ¿Por qué? Porque cuando este signo aparece en una mano se considera que la personas es un ser con suerte en la vida, un afortunado.

Esta Letra se forma cuando la línea del Destino al cruzar la de la Cabeza y la del Corazón, crea, junto con la de la Vida, la letra "M"; y ésta, se encuentra justo en el medio de la palma de la mano.

Algunos autores consideran que la suerte o fortuna que vaticina esta marca tiene diferente significado, según el sexo de la persona que la posea. Para estos autores, en una mujer la "M" Mágica quiere decir que contraerá matrimonio, mientras que en un hombre significa que llegará a tener mucho dinero.

Pero esta diferencia en cuanto a la suerte de hombres y mujeres parece tener más que ver con una apreciación machista y algo anticuada que con la Quiromancia. La "M" quiere decir suerte, y significa para cada uno es materia opinable y muy personal, más allá del sexo de la persona observada.

El anillo de Saturno

- Tendencia a la depresión

Es una línea con forma de semicírculo, que rodea la base del dedo Mayor, o dedo de Saturno. Esta línea, se encuentra rodeando el monte de Saturno.

Es un mal signo. Por suerte, ésta es una marca muy difícil de encontrar. La característica principal de las personas que la poseen es que son depresivas y les cuesta encontrar el lado positivo de la vida. Por otra parte, también se dice que tendrán una vida mediocre o con poco trascendencia y que no hacen grandes obras a lo largo de sus vidas.

El anillo del Sol

- Posibilidades de concretar ideales

Es la línea en forma de semicírculo que puede encontrarse en la base del dedo del Sol o dedo Anular. Es un signo favorable ya que significa altas probabilidades de concretar el ideal que se ha propuesto en la vida.

El anillo de Salomón

- Fuerte llamado espiritual

Es una línea en forma de semicírculo que rodea la base del dedo Indice, o de Júpiter. Ella va desde la base del dedo Indice, entre ese dedo y el Mayor, hasta el borde de la mano. A veces, roza en su recorrido la línea del Corazón.

El Anillo de Salomón es un signo que aparece en las personas que poseen un gran potencial espiritual. Quienes tienen esta marca, por lo general, consagran su vida a lo espiritual, independientemente de la religión que profesen.

El anillo de Mercurio

- Sabiduría y serenidad

Esta es una línea con forma de semicírculo, que se encuentra en la base del dedo Meñique. Es un signo que denota buena suerte. Significa que las personas tendrán sabiduría, serenidad, y una personalidad realista. Son ese tipo de seres a los que la gente se acerca a pedir un consejo o a buscar una ayuda a un problema que creen irresoluble.

8 La cadena del dedo Pulgar

- Terquedad

Es una línea en forma de cadena que baja desde la mitad del Pulgar, hasta el lugar donde ese dedo se junta con la palma de la mano. Cuando se la encuentra es un signo desfavorable, de tozudez y terquedad. Y esta personalidad no sólo afectará a la persona, sino a quienes lo rodean, lo cual les causará muchas desdichas. Son seres que se empacan en algo "como una mula", y a pesar de que ven que el mundo se viene abajo, no pueden salir de su encierro, no ven más realidad y verdad que la de ellos.

9 El triángulo de la Suerte

- Buena suerte
- Libertad, tolerancia

Es el triángulo que se forma en una mano, por medio de la línea de la Vida, de la Cabeza y de la Salud. En los casos en que no se encuentre la línea de la Salud, lo que es muy frecuente, esta línea debe ser reemplazada por otra imaginaria que forme la base del triángulo. También puede suceder que la línea que forme la base del triángulo sea la línea de la Fama. Cuando este hecho ocurre se lo considera un signo de muy buena suerte, aunque a la persona en cuestión le faltará la tolerancia y el don de libertad que le otorga a este Triángulo, la línea de la Salud. Como en todo, algo se gana y algo se pierde.

Se considera que el Triángulo de la Suerte alcanza su máximo poder cuando la línea de la Salud no toca ni la línea de la Vida, ni la de la Cabeza. La persona tendrá mucha suerte, pero además será libre y tolerante.

En la observación de esta marca, además de las tres líneas, se deben observar los tres ángulos que ellas forman (el ángulo superior, el medio y el inferior), si el triángulo está bien dibujado o no, y su tamaño y ubicación.

Se considera que el Triángulo se encuentra correctamente formado cuando éste abarca el monte de Marte de manera completa, y a la vez es un triángulo ancho. Cuando este hecho ocurre, significa que la persona posee una mente amplia, libre, y que es un ser que posee un espíritu muy generoso. Estas personas son de corazón solidario, necesitan ayudar al prójimo para poder sentirse bien, no pueden vivir ellos mismos sin ayudar a los demás. Cuando encontramos una persona con este tipo de triángulo, corresponde que nos saquemos el sombrero ante ellos ya que piensan en los demás, se preocupan por ellos, y actúan en consecuencia.

El análisis cambia cuando el Triángulo se encuentra formado por las tres líneas con forma ondulada y éstas, a su vez, son de tamaño pequeño, y cuesta encontrar esta marca en la palma de la mano. Si es así, entonces estamos frente a un signo que nos indica que la persona observada es de carácter tímido, pudiendo llegar a ser mezquino en sus sentimientos y en sus actos. En muchos casos este signo corresponde a personas cobardes, y que no tienen ideas propias. Como ya dijimos anteriormente, el Triángulo, se encuentra formado por el ángulo superior, el medio y el inferior. Cada uno de ellos, debe cumplir con diversas características.

a. El ángulo superior del Triángulo

Intelecto

El angulo superior del Triangulo se encuentra formado por la línea de la Cabeza y la de la Vida. Para que este ángulo, esté bien formado deberá ser agudo, estar claramente dibujado, y ser proporcionado. Cuando ésto se da significa que la persona posee un refinamiento mental innato, y una gran sensibilidad social.

- Cuando el ángulo superior del Triángulo es muy obtuso, es signo de una persona que no aprecia el arte, ni a los artistas. Son personas que carecen de sensibilidad y que tienen un pobre intelecto.

- Si el ángulo superior del Triángulo es extremadamente obtuso, es signo de una persona que se precipita en la vida. Los individuos con este tipo de ángulo son personas muy bruscas y que no se detienen a pensar antes de actuar. Actúan, luego piensan, si es que piensan. Además, quienes presentan esta característica son seres que carecen de sensibilidad social, y que ofenden a los demás, sin siquiera percatarse de ello. Dicen lo que se les cruza por la cabeza, sin pensar jamás en el daño que pueden causar. "Yo te lo digo porque soy sincero" es su frase predilecta después de lanzar un comentario que nadie le haría ni a su peor enemigo. Además de lo anterior, este tipo de ángulo superior extremadamente obtuso implica un temperamento de tipo impaciente.

b. El ángulo medio del Triángulo

Salud

El ángulo medio del Triángulo es el ángulo que se forma cuando se encuentran la línea de la Cabeza con la de la Salud. Cuando este ángulo se encuentra bien dibujado se lo debe encontrar con facilidad y no debe ser ni muy agudo ni muy obtuso. Si este ángulo se halla correctamente trazado, significa que la persona tiene una mente rápida y que goza de buena salud.

Si el ángulo medio del Triángulo es muy agudo, es signo de que la persona posee un temperamento demasiado nervioso. También puede llegar a ser un signo de que la persona padece problemas de salud.

c. El ángulo inferior del Triángulo

Personalidad

El ángulo inferior del Triángulo puede estar formado por la línea de la Vida y la de la Salud, o por la línea de la Vida y la de la Fama. O en un tercer caso, por la línea de la Vida y una línea imaginaria.

Cuando el ángulo inferior del Triángulo está constituido por la línea de la Vida y por la de la Salud y es muy agudo, significa que la persona es un ser de naturaleza débil, y que posee un espíritu pobre. Por el contrario, cuando el ángulo si bien está formado por las mismas líneas no es agudo sino obtuso, entonces es signo de que la persona posee una gran fortaleza de espíritu.

Cuando el ángulo inferior del Triángulo se encuentra formado por la línea de la Vida y por la línea de la Fama, y es un ángulo muy agudo es signo de individuos que poseen una gran personalidad, pero que no tienen mucha amplitud de mente. Generalmente son personas con ideas difíciles de modificar, a las que suscriben desde siempre, y que no están dispuestos ni siquiera a discutirlas. En cambio, cuando este ángulo es obtuso, significa que el individuo es un ser con mente amplia y generosidad de espíritu.

10 El ángulo de la Suerte

- Suerte

El ángulo de la Suerte, es el que queda formado por medio de la terminación de la línea de la Vida y la de la Cabeza.

Cuando la línea de la Cabeza termina bien arriba en la mano, y la línea de la Vida finaliza en la muñeca o cerca de ella, el ángulo formado será bien abierto. Y hay que prestar mucha atención a este detalle porque cuanto más abierto sea este ángulo, más suerte tendrá esa persona en la vida.

Fácil es deducir que, por el contrario, si el ángulo que forman estas dos líneas es muy cerrado, la persona no será muy afortunada. Pero esta falta de fortuna no es determinante, sino que tiene que relacionarse con la lectura global de la palma de la mano, así que es conveniente terminar de leer la mano completa para poder llegar a dar una conclusión.

11 El Cuadrángulo

- Inteligencia, lealtad
- Capacidad de brindarse a los demás

Es el espacio que se encuentra en la palma de la mano, delimitado por la línea de la Cabeza y la del Corazón. Es un buen signo cuando se encuentra bien dibujado, es decir cuando es parejo. Esta marca debe ser ancha en ambos extremos, y no debe estrecharse en el centro. Además, su interior tiene que ser de contextura lisa, y no debe poseer demasiadas líneas dentro, ya sean pertenecientes a la línea de la Cabeza, o a la del Corazón. Sólo cuando el Cuadrángulo se encuentra dibujado cumpliendo con todas estas condiciones, significa que la persona posee una gran inteligencia, que es imparcial en los juicios, y que es un individuo leal en las amistades y en los afectos. Es una persona confiable. Este signo corresponde a grandes jueces o gobernantes.

Pero el Cuadrángulo también es un signo que representa la disposición del individuo hacia los demás y su capacidad de brindarse.

Lamentablemente, cuando el Cuadrángulo es excesivamente estrecho significa que:

1) Una mente estrecha.

2) Temperamento mezquino, y que tiene una peligrosa tendencia hacia el fanatismo desbordada por sus propias creencias, que puede seguir a su líder religioso hasta límites impensados, sobre todo en lo que respecta a la religión y a la moral.

Hay que estar muy atento cuando aparece un cuadrángulo, muy estrecho en un ser cercano a quien observa, para ayudarlo a escapar de su tendencia a dejarse seducir por falsos líderes que pueden llegar a hacerle más daño que otra cosa.

Pero atención, tampoco hay que irse al otro extremo, ya que el Cuadrángulo, tampoco debe ser extremadamente ancho porque significa que la persona es de conceptos muy amplios en lo relativo a la religión y la moral, lo que recaerá en contra suyo.

También puede ocurrir, que el Cuadrángulo se estreche de tal manera en el centro, que adquiera apariencia de cintura. En este caso, significa que la persona es un ser prejuicioso e injusto.

Los dos extremos del Cuadrángulo tienen que estar equilibrados de tal modo, que éste quede parejo. Cuando es más ancho la parte que queda bajo el monte del Sol, que la que queda debajo del monte de Saturno, significa que la persona no le da mucha importancia a su posición ni a su reputación.

En cambio si dicho espacio es más estrecho, entonces, probablemente, la persona sea un ser demasiado susceptible en cuanto a la opinión ajena. Es el caso de quienes están permanentemente pensando qué dirán los demás de ellas, cómo pueden hacer para agradar más a los demás y piensan todo en función al espejo que le devuelve la mirada de los otros. Esta preocupación llega a convertirse en una obsesión, y esta gente no tiene paz.

Cuando el espacio que se encuentra bajo el monte de Saturno o el de Júpiter es exageradamente ancho, y se vuelve estrecho en el otro extremo, es signo de que el sujeto modificará la generosidad de sus enfoques y de su amplitud mental, para volverse una persona de mente estrecha y prejuiciosa.

Puede suceder que el Cuadrángulo, sea anormalmente ancho en toda su extensión. En este caso, significa que se carece de orden racional. Son individuos aparentemente despreocupados en cuanto a los pensamientos y a las ideas. En realidad, quienes tienen este tipo de cuadrángulo son personas que poseen una naturaleza anticonvencional, que no piensan ni actúan como el común de la gente. No siempre esto es una mala característica, pero el problema es que muchas veces estos seres poseen una cierta imprudencia en todo sentido, poniéndose en peligro ellos mismo y a quienes los rodean.

Puede suceder que el Cuadrángulo sea vacío o lleno, eso dependerá de que tenga muchas líneas y signos, o de que carezca de ellos.

• Cuando es liso y vacío, o sea que está libre de líneas pequeñas, es signo de que la persona posee un temperamento calmo, tranquilo.

• Cuando es lleno, o sea que se encuentra colmado de pequeñas líneas y cruces, significa que la persona es de naturaleza inquieta e irritable. Quienes presentan este tipo de características son extremadamente nerviosos.

El significado de una estrella se potencia en gran medida cuando se encuentra dentro del Cuadrángulo. En este caso, no importa en qué lugar se encuentre, la estrella siempre es considerada un excelente signo. Pero esto, a su vez, es mucho mejor si se encuentra bajo un monte que le es favorable. Veamos a continuación las diferentes posibilidades:

• Cuando se encuentra una estrella en el Cuadrángulo, bajo el monte de Júpiter, es signo de poder y orgullo en la vida.

• Cuando la estrella se encuentra en el Cuadrángulo, bajo el monte de Saturno, representa éxito en los asuntos mundanos de la persona, en su inserción social, en el status que va a alcanzar.

• Cuando se encuentra una estrella en el Cuadrángulo, bajo el monte del Sol, es augurio de éxito, de fama, y de posición, pero esta vez por medio del arte.

Si la estrella se encuentra en el Cuadrángulo, en el espacio que queda por debajo del monte del Sol y del monte de Mercurio, es signo de mucho éxito en la ciencia y en las investigaciones.

LA QUIROMANCIA APLICADA

QUE IMPORTA:
SALUD, DINERO Y AMOR

Después de tantos conocimientos abarcados a lo largo de los capítulos anteriores, cabe preguntarse qué es lo que queremos adivinar o predecir. Y sin lugar a dudas hay tres temas en los que se centra la atención y la preocupación de la mayoría de los seres humanos: salud, dinero y amor. Según la experiencia recogida, sobre estos tres puntos es que se centra el 90% de las preguntas sobre el futuro que realiza la gente. Por algo cuando alzamos la copa brindamos pidiendo salud, dinero y amor.

En esta segunda sección vamos a ordenar y aplicar los conocimientos ya vertidos para responder precisamente a estos interrogantes.

CAPITULO 2

EL AMOR

El matrimonio, los hijos, los desengaños y cómo elegir pareja

E ste es, tal vez, el tema que despierta mayor interés entre las personas que desean que se les lea las manos.

A continuación, haremos una recopilación de características que deben observarse en una mano para poder responder adecuadamente a los interrogantes que plantea el amor y los asuntos amorosos.

EL AMOR Y LOS DIFERENTES TIPOS DE MANOS

El primer análisis que corresponde hacer es ver qué tipo de mano tiene la persona ya que, en términos generales, la suerte que una persona corra en el amor, depende en gran medida de esta característica. A grandes rasgos, se puede decir:

1. La Mano Cuadrada

- *Buenos matrimonios.*
- *Más de un hijo*

Estas personas tienen dadas las condiciones para poder disfrutar de buenos matrimonios. Y, por lo general, son personas que tienen más de un hijo. Tienen la capacidad de formar matrimonios felices, y familias bien consolidadas.

2. La Mano Puntiaguda

- *No quieren relaciones comprometidas*

Esta gente no siempre tienen relaciones amorosas perdurables o importantes. Pero no se trata de mala suerte, o de no encontrar a la persona indicada, sino que lo que sucede en la mayoría de estos casos es que son ellos mismos quienes no están interesados en tener ese tipo de relaciones. Y, por ese motivo, no ponen las suficientes ganas y voluntad para que la cosa funcione.

Son individuos que tienen otra clase de intereses en la vida, y muchas veces, aunque les cuesta reconocerlo, la realidad es que no tienen tiempo para el amor.

3. La Mano Cónica

- *Gran cantidad de romances*

Tienen una gran cantidad de romances, ya que son soñadores, enamoradizas y disfrutan de todo lo relacionado con el romanticismo.

Quienes tienen esta característica, son personas que se pasan la vida buscando al amor verdadero. Y disfrutan más con la búsqueda que con el logro. Por eso se los considera los novios eternos.

4. La Mano Espatulada

- *Más de un matrimonio*

Suelen contraer dos o más matrimonios. ¿Por qué? Simplemente porque quienes poseen este tipo de mano aplican el sentido práctico en todos los órdenes de su vida.

Estas personas no dan más de una oportunidad a que las cosas funcionen: si un matrimonio no anda bien, no tienen inconveniente en tirar todo por la borda y probar nuevamente. Con otra persona, obviamente.

5. La Mano Mixta

- Relaciones conflictivas

Son propensas a las relaciones conflictivas. Parece que tuvieran un imán que atrae parejas con problemas. En realidad, este tipo de personas no saben lo que buscan y cuando lo encuentran, no se dan cuenta y lo dejan pasar.

EL AMOR Y LA LINEA
DEL MATRIMONIO

Como ya se dijo antes, el matrimonio se encuentra representado, principalmente, por la línea correspondiente. Esta puede ser una sola o varias. En este último caso se encuentra formada por unas pequeñas líneas horizontales. Recordemos que la del Matrimonio se encuentra en el monte de Mercurio, y nace en el borde de la mano, justo por debajo del Meñique.

Es importante aclarar que en Quiromancia, cuando se habla de matrimonio, se está haciendo referencia a una relación amorosa importante, pero no necesariamente a un casamiento legal y con papeles. La sociedad y los tiempos han cambiado, y hoy en día la línea de matrimonio puede significar concubinato, pareja estable, o alguna denominación equivalente. Pero sea como se llame, si este "matrimonio" existirá en la vida de la persona, sin dudas se encontrará marcado en su palma de la mano por medio de la línea del Matrimonio.

Puede haber una línea de Matrimonio, o más de una. Si se encuentra solamente una línea de matrimonio, y ésta es larga, claramente marcada, entonces significa que habrá un único matrimonio, y éste será feliz.

Se ha observado que lo más frecuente es que en la línea del Matrimonio se encuentren dos líneas horizontales, lo cual significa que habrá dos relaciones importantes en la vida de ese sujeto.

¿QUE SIGNOS SE DEBEN TOMAR EN CUENTA PARA SABER SI UNA PERSONA TENDRA UN MATRIMONIO FELIZ ?

1-Línea del Matrimonio

Que exista una sola línea de Matrimonio y que se encuentre muy bien marcada, sin ramificaciones, sin malos signos y, también, que sea larga. Cuando la línea del Matrimonio se curva ligeramente hacia arriba, es signo de éxito en la pareja, y cuando además, la línea del corazón es fuerte y clara, esta probabilidad aumenta de manera considerable.

2- El dedo Pulgar

Es muy importante observar el dedo Pulgar. Este debe ser largo, o sea, que tiene que llegar por lo menos hasta la mitad de la tercera falange del dedo Indice.

3- La línea del Corazón

En tercer lugar, se tiene que tomar en cuenta la línea del Corazón. Gracias a esta línea se puede conocer la capacidad que tiene una persona para dar y recibir amor. Para que la señal sea buena, es fundamental que la línea del Corazón se encuentre muy bien trazada. Debe nacer en el monte de Júpiter y luego recorrer toda la palma de la mano hasta el borde de la misma. Esta línea no debe tener malos signos, tales como islas, cruces, etcétera. Es mejor, que la línea tenga una pequeña curvatura, ya que ello indica flexibilidad por parte de la persona, y demuestra que posee gran capacidad para disfrutar del amor.

4-La letra "M"

Otro signo importante, aunque no fundamental, es vislumbrar la letra "M" dibujada en la palma de la mano. Cuando aparece la letra "M" claramente marcada, significa que el matrimonio se encuentra predestinado en esa persona. Difícilmente escape al matrimonio o a una pareja estable. Pero como el dinero, el matrimonio no garantiza la felicidad, por eso cabe preguntarse si la persona, además de casada, será feliz. Si se encuentra la "M" marcada, ésta es una señal que denota suerte cuando aparece, significa que la persona será afortunada en el amor.

¿QUE SIGNOS SE DEBEN TOMAR EN CUENTA PARA SABER SI UNA PERSONA NO TENDRA UN FELIZ MATRIMONIO?

Hay casos, también claramente establecidos, en los que se puede asegurar que una relación no va a poder ser feliz. Para estar en condiciones de predecirlo, se deberá tomar en cuenta los siguientes puntos con respecto a la línea del Matrimonio:

1- Varias líneas

Cuando se encuentran tres o más líneas de matrimonio, de hecho, nos enfrentamos a un mal signo. En este caso, la línea del Matrimonio nos está indicando que dicha persona no puede mantener una relación sentimental duradera con nadie, en cuanto la relación avanza el individuo la tiene que cortar o hacer todo lo necesario para que se corte. Este tipo de mano, en la mayoría de los casos, pertenece a personas que padecen graves problemas afectivos.

2- Línea del Matrimonio curva hacia abajo

Si la línea del Matrimonio se curva hacia abajo, también es un mal signo. En este caso, significa que la pareja más importante en la vida de la persona se haya muy expuesta a sufrir una ruptura, puede ser una separación o un divorcio. No necesariamente va a haber otra pareja en su vida o tal vez la haya, pero no tenga para él la misma importancia.

3- Línea vertical que corta

También cuando una línea vertical corta la del Matrimonio, es un mal signo. En este caso, estamos ante el indicio de que el matrimonio puede terminar de una manera muy abrupta, y ello puede deberse a un divorcio o a la muerte de uno de los cónyuges, o a un abandono inexplicable.

4- Pequeña línea paralela

Cuando se encuentra una pequeña línea paralela a la del matrimonio, es indicio de que se producirá una relación extra conyugal. Pero atención: quien la tendrá será la misma persona que está siendo observada, es decir que él mismo va a ser infiel en algún momento a su cónyuge.

5- Isla o corte en la línea del Matrimonio

Cuando la línea matrimonial se corta por un breve lapso, y luego se reanuda formando de esta manera una isla, significa que la pareja atravesará por un período de ruptura, para luego llegar a una reconciliación. Obviamente que para que aparezca esta isla, la ruptura debe ser significativa en la vida de la persona y no algo sin importancia y pasajero. Estamos hablando de una ruptura que marque un antes y un después, a pesar de la reconciliación. Tal vez, después de la reconciliación, la pareja hasta salga fortalecida, pero nunca será la misma.

¿SUFRIRA DESENGAÑOS AMOROSOS?

Todos quisiéramos estar exentos de desengaños amorosos. Para saber si una persona los padecerá, es importante observar los siguientes signos dentro de la palma de la mano:

1. La línea del Corazón

Como en todos los temas que conciernen al amor, la línea del Corazón tiene una gran importancia. Los desengaños amorosos se pueden predecir a partir de una serie de pequeñas líneas que salen de ella.

2. El cinturón de Venus

Es muy importante observar el trazado del cinturón de Venus. Cuando se encuentra cortado, significa que la persona tendrá amantes, pero ninguno será duradero lo que hará, en definitiva, infeliz a la persona.

EL AMOR Y EL SEXO

- *El Monte de Venus*
- *El cinturón de Venus, la línea lasciva, el Monte de Marte*

Un tema de gran importancia en el terreno amoroso, es la sexualidad. A través de la Quiromancia es posible vislumbrar la capacidad sexual de una persona y se encuentra representada principalmente, en el monte de Venus. Sin embargo, existen además otros factores que se deben tomar en cuenta: el cinturón de Venus, el monte de Marte, y la vía Lasciva.

Cuando en una mano se encuentran conjuntamente un cinturón de Venus con buenos signos, un monte de Marte proporcionado y sin signos negativos, y la vía Lasciva bien marcada, entonces dicha persona tiene todas las condiciones dadas para poder gozar del sexo.

En su mayoría, quienes presentan estas características en las palmas de sus manos son personas que disfrutan mucho del sexo, y para quienes la sexualidad forma una parte muy importante dentro de su vida.

Todas las cualidades anteriormente descriptas se acrecientan si en esa mano, además, se encuentra un buen dedo Pulgar, es decir un dedo Pulgar largo y fuerte. También tiene una gran incidencia que la mano tenga largos dedos proporcionados. Cuando están todas estas condiciones dadas, la persona puede dar por garantizada que tendrá una excelente vida sexual en su vida.

MALOS SIGNOS RELACIONADOS CON EL SEXO

- Monte de Venus pequeño
- Línea del Corazón estrecha

Cuando el monte de Venus es de pequeñas dimensiones, y a ello se le suma una línea del Corazón demasiado estrecha, estamos ante un signo de mal augurio. En este caso, la mano nos está indicando que la persona no tiene dada la capacidad para poder gozar en su actividad sexual. Y, justamente, porque no pueden encontrar ningún placer, para ellos el sexo carece de importancia, o es un mero trámite, o una obligación marital. Y ojo, que no se trata solamente de mujeres, hay muchos hombres con esta característica.

LOS HIJOS, OTRA CLASE DE AMOR

Cuando se habla de amor no nos estamos refiriendo solamente a relaciones de pareja. Los hijos son, quizás, el sentimiento más profundo de amor que una persona puede llegar a tener.

Una de las grandes incógnitas del ser humano es, si tendrá o no, hijos. Quizás, ésta, sea una pregunta que se escucha más frecuentemente por parte de las mujeres que de los hombres. Pero no podemos negar que esto tiene que ver con la naturaleza y que para la gran mayoría de las mujeres, es de vital importancia en la vida pasar por la sublime experiencia de la maternidad.

Hoy en día, con la liberación de la mujer aun es más frecuente que antes escuchar esta pregunta. Ello se atribuye a que una gran cantidad de mujeres postergan su maternidad en pos del trabajo, pero luego caen en la cuenta de que el tiempo pasa, y el reloj biológico en las mujeres no es eterno.

También en estos años que corren, el tema de los hijos es un interrogante que es independiente del matrimonio y del amor, y ello se debe a que las mujeres suelen tener hijos sin padres. Hoy en día se ve con cierta frecuencia, a veces gracias a la ciencia y otras al abandono masculino, que las mujeres tienen sus hijos solas.

Frente a esta realidad las preguntas más frecuentes que se escuchan referidas la los hijos, son: ¿Tendré hijos? ¿Cuándo? ¿Cuántos hijos tendré?

Para poder contestar a estos interrogantes, es importante observar las palmas de las manos y ciertas líneas en particular.

LAS LINEAS DE LOS HIJOS

En las palmas de las manos, los hijos están representados por unas pequeñas líneas ascendentes, que nacen del extremo de la del Matrimonio. Estas se denominan líneas de los hijos. En la mayoría de los casos son muy finas y difíciles de ver a simple vista, por eso se aconseja que, en este caso, se trabaje con la ayuda de una lupa.

Para saber si una persona va a tener hijos, lo primero que hay que hacer es observar atentamente la palma de la mano en busca de la línea de los hijos. Depende de la cantidad de líneas que se encuentren en esa mano, la cantidad de hijos que tendrá la persona.

Si lo que se quiere saber es el sexo de los hijos, se podrá observar el grosor de las líneas de los hijos. Cuando son gruesas, corresponden a hijos varones; si por el contrario, son delgadas, corresponden a hijas mujeres.

Las líneas de los Hijos se pueden encontrar marcadas tanto en los hombres como en las mujeres, aunque se hallan con más frecuencia en las manos de las mujeres. Cuando en un hombre las líneas de los hijos son claras y profundas, significa que es una persona de naturaleza muy paternal y que, probablemente, sea un muy buen padre, comprensivo y cariñoso. ¿Por qué a veces estas líneas aparecen marcadas en manos de personas que no tuvieron hijos? Es porque estamos frente a individuos que aman profundamente a los niños y, seguramente, tendrán alguna profesión relacionada con los niños (docentes, pediatras, psicopedagogos, etcétera).

COMO ELEGIR PAREJA

Hablar o preocuparse por "el amor" es algo bastante general. En realidad cuando hablamos de "los problemas del amor" estamos hablando, implícitamente, de las dificultades que podemos tener para formar una pareja, para encontrar alguien con quien compartir el amor.

Y en esa búsqueda¡cuántas veces nos equivocamos, perdemos el rumbo, y debemos volver a empezar!

En general, uno busca una persona con quien estar para toda la vida, alguien con quien poder envejecer, cuidar nietos, esperar el ocaso.

Por eso, frente a la persona elegida, la duda existencial de la gran mayoría de la gente es si es la pareja correcta. ¿Por qué ésta y no otra?.

¿Es lógico tener tantos cuestionamientos? Sí, porque elegir pareja es una de las tareas más complejas de la vida. Y en muchos casos no se "elige", sino que surge, esto sucede cuando comienza una relación sin uno se haya percatado de ello.

La Quiromancia es un instrumento de gran utilidad, para poder reconocer de antemano ciertas características. Para ello, existen algunos signos que resultan interesantes indicios a seguir para conocer acerca del temperamento de una persona, antes de conocerla. Sin dudas, saber esto puede ser de gran ayuda a la hora de conocer a un otra persona, al menos puede hacernos ahorrar un tiempo invalorable.

Hay características que son muy generales, y que se vislumbran a simple vista, pero también hay otras a las cuales se les debe prestar mucha atención para poder descubrirlas.

¿Pero no sería un poco violento pedirle que nos muestre la palma de sus manos en la primera cita? Sin lugar a dudas sí; por supuesto que hay que empezar de una manera más sutil. A simple vista se pueden observar características tales como si la persona mueve mucho las manos, si por el contrario las coloca en los bolsillos, si su costumbre es cruzarse de brazos, si coloca sus manos tras la espalda, etcétera.

Cada uno de estos gestos tiene un significado característico y a la vez, se corresponden con una determinada personalidad.

Cuando una persona habla moviendo las manos, gesticulando continuamente, ya se puede deducir que seguramente no es una persona de origen sajón, lo cual ya es mucha información. También se puede interpretar que es de temperamento pasional, muchas veces nerviosa y con un carácter fuerte.

Si está parada y sus manos se encuentran en los bolsillos, hay que interpretar que lo invade una cierta timidez que está tratando de ocultar. De todos modos, habría que observar si esa actitud se repite, ya que puede significar que no se encuentra cómoda en ese momento y en ese lugar.

En los casos en los que se encuentra cruzada de brazos en una conversación, puede significar que no está creyendo lo que el otro le dice o que lo toma con recelo. También puede ser un signo de altivez.

Las características descriptas hasta ahora corresponden a las generalidades que se pueden observar en una primera instancia. Pero una vez terminada esta etapa, hay que comenzar un análisis más detallado, observando, ahora sí, las manos de la persona en cuestión con más detenimiento.

Para poder determinar qué tipo de persona tenemos en frente, con vistas a formar una pareja, el estudio de las manos diferirá en cuanto se trate del sexo masculino o femenino. Por eso, vamos a hacer un estudio diferenciado, comenzando por la mujer.

Características para observar cuando se busca una pareja mujer

Cuando se busca una mujer para formar pareja, hay que estar seguro del tipo de la misma. Hay muchas clases de mujeres, por lo tanto debe primero saber cual es la clase que más le gusta.

Por ejemplo, se puede hacer una primera gran división entre las mujeres del tipo "ama de casa", y las mujeres del tipo "ejecutivas". Y luego, en estos dos grandes grupos se pueden catalogar diferentes cualidades. Las mujeres del tipo "ama de casa", son, en general, muy dependientes; en cambio las "ejecutivas", son independientes. Luego, hay un sinfín de características que una mujer puede tener, como sentido del humor, calidez, sensualidad, inteligencia, belleza.... Sería de gran utilidad hacer una lista de cualidades de su mujer ideal, con una escala de valores, así le será más fácil encontrar la mujer de sus sueños.

Una vez definida esa mujer de sus sueños, hay que observar bien a la candidata para ser la elegida. Y cuando se quiere estudiar a una mujer, lo primero y más importante es observarla atentamente. Y esta primera observación es aconsejable hacerla desde lejos, y sin que ella se de cuenta de que alguien la está mirando. Esto se debe obviamente a que si se percata de que está siendo estudiada, ya no va a actuar naturalmente, puede mostrar un cambio de actitud, ponerse nerviosa o tener alguna reacción que no sea común ni natural en ella. Recién cuando se comienza a observar las manos de una mujer, se puede ver a primera vista diferentes características muy propias y diferenciadas. Lo primero en que hay que reparar es en qué tipo de manos tiene, dónde las coloca, el color que tienen, si son manos cuidadas o descuidadas. Pero empecemos con lo concreto.

1. Manos lánguidas, finas y pálidas

- Pacífica, tranquila, callada, tímida
- Poca energía

Si se puede ver que son *finas*, *lánguidas* y de *color pálido*, entonces estamos frente a una mujer de temperamento pacífico, un ser de espíritu tranquilo, pero también que no tiene demasiada energía. Estas personas son calladas, muchas veces tímidas. Se las puede reconocer fácilmente en una reunión ya que, en general, serán las que se mantienen a un lado, con pocas intervenciones y bajo perfil.

2. Manos grandes, rosadas, elegantes

- Bellas, pero caras y aburridas

Cuando la mujer que se observa tiene una **mano grande, de color rosa, con fina piel**, pero además tiene **elegantes dedos y uñas esmaltadas**, usted se encuentra frente a una candidata que pertenece al grupo de las verdaderas bellezas de este mundo.

No les preocupa ser meramente objetos de decoración, se encuentran cómodas en ese papel, y esto es de gran utilidad para muchos hombres. ¡Pero cuidado, porque estas mujeres suelen ser muy caras! Y, lo que es peor, en general son bastante aburridas, aunque a muchos no les importa ya que no es su inteligencia su gran atractivo.

3. Manos cuidadas y espléndidas

- Perezosa

Cuando se observan **manos perfectamente cuidadas y espléndidas,** es porque nos encontramos, casi con seguridad, frente a una mujer que es perezosa.

Son mujeres que siempre piden toda clase de favores, ya que ellas no tienen ganas de hacer nada. Ofrece una imagen de debilidad, pero en realidad es capaz de reaccionar violentamente cuando alguien no hace lo que ella pidió. Y si además posee dedos largos, estas características se ven acrecentadas.

4. Uñas cortas y puntas de dedos prominentes

- Mucho temperamento y energía
- Muestra sus sentimientos, maternal y protectora

Cuando la mujer observada tiene las manos con las **uñas cortas y la punta de los dedos se ven en forma prominente,** usted se encuentra frente a un ser muy temperamental, y con una gran cantidad de energía.

Las mujeres con este tipo de mano son muy apasionadas, pero se las puede encontrar tirando toda la vajilla de una casa por los aires, o como la persona más tierna y cariñosa del planeta, todo depende de su estado de ánimo. A las mujeres con estas características no les da pudor mostrar sus sentimientos ante los demás. Se considera que son muy protectoras y maternales en sus relaciones.

Una vez que se han observado las manos, se debe pasar a los dedos. En Quiromancia se comienza por el dedo Pulgar o dedo de Venus.

1. El dedo Pulgar

- Corto: necesita que la dirijan
- Largo: le gusta mandar
- Fino: le gusta ser conquistada, sensible
- Cuadrado: difícil de conquistar
- Rígido: formales, esquemáticas
- Flexible: generosa, sociable, de buen corazón

El dedo Pulgar o dedo de Venus es de enorme importancia en una mano, y juega un papel fundamental en la elección de las relaciones, tanto sean de carácter amoroso como de amistad.

Cuando una mujer tiene un dedo Pulgar pequeño, en una mano pequeña, significa que es una mujer que necesita que la dirijan y hasta que decidan por ella. Si tienen esta característica no pueden ni tienen ningún interés en tomar el control de sus vidas. Les cuesta valerse por sí mismas, son muy dependientes, y no les gusta pensar. La realidad es que su actitud es bastante práctica, ya que en general adoptan esta actitud por un problema de comodidad, porque para ellas es más fácil obedecer que pensar.

En cambio si tiene un dedo Pulgar muy largo, usted se encuentra frente a una mujer que posee mucho carácter. Esta característica indica que les gusta dominar y mandar, y ésa es la forma en la que se sienten cómodas en una relación. Solamente se dejan dominar cuando lo deciden de motu propio y porque así lo prefieren. Pero también las que tienen este tipo de pulgar son poseedoras de una gran inteligencia, y hacen uso de ella.

Cuando una mujer posee el dedo pulgar fino, estamos frente a una persona a la cual le gusta que la conquisten. Necesita que la halaguen y más aún, a ellas les gusta el flirteo como nada en el mundo. Son personas a las cuales un hombre puede impresionar mediante un ramo de flores, o una poesía. Son muy sensibles, y saben apreciar los buenos modales, en especial en los hombres.

Un dedo Pulgar cuadrado en la mano de una mujer, significa que quien está frente a nosotros es una persona difícil de conquistar. En este caso de nada sirven los halagos, ni los flirteos; no lo intente, perderá su tiempo. Usted se encuentra frente a una mujer a la que no le gusta que la conquisten, sino conquistar ella. Y está de más repetir que cualquier esfuerzo será inútil y hasta contraproducente, porque ella terminará menospreciándolo. Pero atención, tal vez haya un costado o punto débil por donde entrarles, porque éstas son mujeres que valoran mucho la sinceridad en general, y por parte del hombre en particular. Son independientes, saben lo que quieren y no tienen prurito en salir a buscarlo.

Si una mujer tiene el dedo Pulgar de forma rígido, usted se encuentra frente a una persona "dura", inflexible en sus ideas, y que posee poca sensibilidad ante la vida. Con estas mujeres, una equivocación no tiene vuelta atrás. Valoran la formalidad y lo que no salga de contexto, es decir que son muy esquemáticas.

En los casos en que una mujer tiene un dedo Pulgar flexible e inclinado en su primera falange, es porque es una persona generosa en sus afectos. Son sumamente sociables y, en general, es muy fácil convivir con ellas. También son propensas a perdonar y olvidar, buenas de corazón, se adaptan fácilmente a las distintas situaciones que les va planteando la vida. ¿Puede ser que no tengan ningún defecto? No, todos los tenemos. Y el de ellas puede llegar a opacar todas sus virtudes frente a un hombre: les fascina derrochar dinero.

Cuando una mujer tiene un dedo Pulgar fino y largo, significa que le gusta estudiar, investigar y analizar. A ellas se las puede encontrar cómodamente leyendo un libro interesante en la playa, en una sala de espera, o en un colectivo atestado de gente. Disfrutan de la vida tranquila, son hogareñas y harán todo lo que esté en sus manos, para mantener una convivencia en paz y feliz.

Si tiene la primera falange del dedo Pulgar de dimensiones gruesas y con los nudillos muy marcados, seguramente tendrá un aspecto externo muy tranquilo. Pero no se deje engañar ya que esa paz es solamente en la superficie. La mujer con este tipo de pulgar puede ser muy difícil, llegando a comportarse en algunas ocasiones con una obstinación innecesaria. Y, por último, cabe destacar algo más: quienes presentan esta característica son tan intuitivas y observadoras que poseen la capacidad de percibir a través de las personas.

La mujer que tiene el dedo Pulgar cerca de la mano está en reposo, es una persona que prefiere tomar antes que dar, es decir que estamos frente a alguien egoísta. Pero no todos son defectos ya que tienen una gran virtud: saben guardar un secreto como un tesoro preciado.

Cuando una mujer tiene un dedo Pulgar que se aleja de la palma, cuando la mano se encuentra en reposo, es porque estamos frente a una persona que disfruta dando. Es muy generosa y siente tanto placer en darle al otro que guarda muy pocas cosas para ella. También es del tipo charlatana. Son una excelente compañía para momentos de depresión o soledad.

2. El dedo Indice

- Largo: personalidades muy fuertes, organizadas, metódicas

Cuando su dedo Indice o de Júpiter, es más largo que el Anular, es porque nos encontramos frente a una mujer con una poderosa personalidad. Son muy inteligentes y tienen una gran seguridad en sí mismas. También se destacan por tener una buena capacidad de organización y ser metódicas. Son excelentes gerentes de administración, recursos humanos y hasta directoras de empresas.

3. El dedo Mayor

- Largo: serias, ahorrativas, previsoras, responsables, pesimistas
- Corto: derrochadoras, frívolas, sociables

Si se quiere saber cuán seria es una persona, la respuesta la da el dedo Mayor, o de Saturno. Las mujeres no escapan a esta regla: si posee una mano donde el dedo Mayor es el más largo, significa que frente a nosotros se encuentra una persona que se toma la vida con mucha seriedad. Claro que esta característies muy común, por lo que habrá que ver si no hay otro signo que esté modificando esta primera conclusión.

Quienes tienen el dedo mayor, tal como indicamos, son cuidadosas con el dinero, ahorrativas, y les gusta prevenir para el futuro, por lo que son muy responsables. Cuando, además, tienen dedos finos, ésta virtud dejará de ser tal, para convertirse en defecto, ya que pueden llegar a ser miserables con el dinero. Generalmente, además, son personas muy pesimistas.

Por el contrario, el dedo Mayor corto, significa que disfruta derrochando el dinero. Son de temperamento frívolo, muy sociables fáciles de descubrir en las fiestas, por ser el centro de diversión en ellas. Esto se debe, a que para estas mujeres nada tiene verdadera importancia, y todo puede ser tomado a la ligera. Su lema es vivir el momento.

4. El dedo anular

> - *Separado del Mayor: excéntrica, impredecible*
> - *Cerca del Mayor: cooperadora, compañera, confiable*

El dedo Anular o del Sol, es un dedo muy interesante para observar en relación con el carácter de las personas.

Cuando una mujer posee una mano donde el dedo Anular se separa del dedo Mayor, cuando se encuentra en reposo, significa que es de personalidad excéntrica, fuera de lo común. No les gusta seguir a la manada; si todos hacen una cosa, ella harán lo contrario. Son impredecibles y no dejan de sorprender..

Si presenta una mano donde el dedo Anular yace cerca del Mayor, significa que estamos frente a una persona que es muy cooperadora, que no vivirá solamente para ella, sino que tendrá siempre en vista el interés de los demás, alguien a quien le gusta compartir. Además, son personas muy seguras y confiables.

Pero hay que tener en cuenta algo: para que se puedan sentir satisfechas en relación a una pareja, necesitan que el hombre que esté junto a ellas sea alguien por quien sientan que vale la pena jugarse, alguien a quien, admirar.

5. El dedo Meñique o de Mercurio

> - *Cerca del resto de los dedos: remilgada, puntillosa*
> - *Separado: independiente, con ideas propias*
> - *Torcido: no muy honesta*
> - *Puntiagudo: irónica, sarcástica*

El dedo Meñique o de Mercurio, es muy particular y, de alguna manera, chismoso o delator, ya que muestra las actividades inconscientes de una persona.

Frente al dedo Meñique podemos deducir cosas que atañen a muchos aspectos de la personalidad de un individuo: la actitud de una persona ante el sexo, su actitud frente a la vida, su capacidad para los negocios y la capacidad de amor que tiene una persona por la familia.

Si el dedo Meñique se acerca a los demás, es señal de que es muy remilgada, en el sentido de delicada, puntillosa.

Cuando se encuentra muy separado de los otros, es señal de que quien está siendo observada es muy independiente, que tiene ideas propias. Son mujeres que tienen algún tipo de actividad fuera del hogar.

En los casos en que es Puntiagudo, es signo de que frente a nosotros hay mujeres con lengua rápida, y con un humor lleno de sarcasmo e ironía. Para poder conquistarlas es necesario tener una mente rápida, y muy buen sentido del humor. Dialogar con ella es someterse a un pin pong de frases inteligentes del cual no todos pueden salir airosos.

Un dedo Meñique largo es signo de una gran habilidad para manipular a los demás. Hay que estar alerta, nos cruzamos con personas de este tipo que saben lo que quieren y hacen y deshacen a su antojo sin importarle los demás. Una mujer con un dedo Meñique torcido, significa que no es una persona demasiado honesta. Pero tampoco hay que ser injustos, el meñique es un dedo muy frágil, sobre todo en los primeros años de vida, y muchos chicos se lo quiebran accidentalmente sin que ello implique ninguna particularidad de su personalidad.

Si tiene el dedo Meñique demasiado corto, significa que siente rechazo a todo lo que implique mucha responsabilidad. En realidad, no es que no quieran hacerse cargo de las cosas por vagancia o porque prefieren vivir la vida de otra manera, sino que tienen un gran sentimiento de inferioridad y no se sienten capaces de enfrentar las cosas. Esta característica sólo puede ser compensada con un dedo Pulgar largo.

Para saber si una mujer tiene interés por el sexo, hay que observar las siguientes características en el dedo Meñique: debe ser fino y largo, la segunda falange del mismo dedo debe poseer nudillos fuertemente marcados, y la tercera falange del dedo debe ser de dimensión gruesa. Y, por último, que el dedo Meñique se incline en forma suave hacia el dedo Anular.

Características para observar cuando se busca una pareja hombre

¡Claro que la mano de un hombre dice muchas cosas! Hay muchas mujeres que lo primero que miran en ellos son sus manos, y no están erradas. Una observación a primera vista ya nos puede dejar sacar algunas conclusiones. Se puede ver si quien está frente a nosotros es un trabajador de obras, un ejecutivo, o si no trabaja de ninguna forma. Veamos.

1. Mano grande y de piel gruesa

- Trabajador, fuerte

Ya de por sí, si es grande y de piel gruesa lo más probable es que quien está siendo observado sea muy trabajador. Pero si además de grande y de piel gruesa, es de color fuerte y con surcos, entonces podemos deducir que es un hombre que realiza trabajos con sus manos. Si, además, los dedos Pulgares son largos, significa que tiene la capacidad de llevar adelante su propio negocio.

2. Dedos pesados y cuadrados en las puntas

- Pedante

Pero atención, si un hombre posee dedos pesados y cuadrados en la punta, quien está frente a nosotros probablemente tenga una personalidad pedante. Y más allá de su pedantería, es alguien que posee pensamientos muy tradicionales y que disfruta de la rutina, un hombre muy disciplinado y ordenado.

3. Mano gruesa con dedos doblados hacia la mano

- Avaro

Cuando un hombre tiene una mano que es gruesa, y cuando los dedos de esa mano, encontrándose en posición de reposo, tienden a estar doblados, y además sus Pulgares se acercan a la mano, es un signo evidente de avaricia. Son sujetos muy tacaños y parecería que también fueran miserables con sus palabras ya que, por lo general, hablan poco.

4. Manos chicas con piel fina

- Charlatán, embustero

Significa que esa persona es un "charlatán", un "chanta", son del tipo de hombres que hablan más de lo que hacen.

5. Los hombres y el apretón de manos

Un punto muy importante a la hora de evaluar la mano de un hombre, es sentir la manera en que da un apretón de manos. Se puede decir que, cuando saluda y su mano se encuentra fría, es signo de que es egoísta. Se dice que cuando da la mano con debilidad, de forma que uno siente que sus dedos se escurren, estamos frente a una persona poco confiable. Sin embargo gente honesta, pero de una extrema timidez que también presentan esta característica.

6. Las uñas

Son un instrumento de mucha utilidad a la hora de conocer la personalidad de un hombre. En ellas existen unos semicírculos de color blanco, que se denominan "lunas". Cuando un hombre posee uñas que no tienen lunas, lamentablemente hay que estar alerta ya que significa que es una persona que nunca pertenecerá a una sola mujer, un auténtico mujeriego.

Si las uñas son de forma angosta, y terminan en punta cerca de la palma, no tiene ningún significado en especial. Por otra parte, si son demasiado cortas y anchas, más anchas que largas, significa que es de naturaleza crítica. Pero hay algo peor, ellos mismos poseen un temperamento irritable. Este tipo de hombres se pasan una mitad de la vida de mal humor, y el resto refunfuñando. Sólo se los puede ver sonreír en sueños.

7. Las manos de los médicos

Las mujeres suelen entablar una relación muy particular con su médico, sobre todo con el ginecólogo. Hay profesiones donde las manos significan más que en otras; la medicina es una de ellas. ¿Quién no ha observado las manos de su médico? Como las mueve, su tamaño, su color, muchas veces estas características hacen que aceptemos o rechacemos al médico en cuestión como si se tratara de una cuestión de piel. Pero más allá de sensaciones o intuiciones que también son muy válidas, ¿quiere saber si el médico en cuestión, es bueno o no? Obsérvele las manos, pero a través de los preceptos de la Quiromancia. Generalmente, los médicos son personas que tienen manos de un buen tamaño, manos hábiles y sus dedos son pesados con las uñas bien formadas. Cuando se cumplen todas éstas características, significa que son buenos profesionales.

Como en el caso de las mujeres, luego de un análisis global, corresponde analizar los dedos.

1. El dedo pulgar

- Corto: *deportista, no le gusta planificar*

Si un hombre tiene los **dedos Pulgares cortos**, y a lo mejor los demás dedos de las manos también, es signo de que le gustan las actividades físicas, se lo encontrará la mayoría del tiempo haciendo deporte. Hasta ahora, todo parece bien, más allá de que a usted le gusten los deportistas o no. Pero atención, porque otra característica es que son personas a las cuales no les gusta planificar y no tienen preocupación por el mañana. Como podemos imaginar, esta característica les acarrea serios inconvenientes cuando tienen una familia que alimentar.

2. El dedo anular

- *Largo y fino: muy cálido*

Cuando el **dedo Anular** es un dedo de buenas proporciones, largo y fino, y es un poco más largo que el Indice, significa que el hombre observado es más cálido que otros. Con este tipo de hombre las conversaciones tendrán un tono más personal, más dulce, sin temor a caer en sentimientos baratos.

Si un hombre tiene el Anular muy largo, casi tanto como el Mayor, es porque es un hombre frívolo, que no es responsable. A pesar de esta dificultad, son muy cálidas y humanas que disfrutan estando con gente.

3. El dedo meñique

- *Largo: talentoso*
- *Fino: austero*
- *Grueso: hedonista*

Cuando un hombre tiene el **dedo Meñique** muy **largo**, significa que es una persona con talento. Pero, por sobre todas sus habilidades, poseen una gran habilidad del tipo manual. En lo que se refiere a su vida sexual, disfrutan mucho del sexo. Y en cuanto a su relación con el dinero, tienen un buen sentido del valor del mismo, y les resulta fácil ganarlo gracias a la gran cantidad de talentos naturales que poseen.

Cuando un hombre tiene una mano con un **dedo Meñique demasiado fino**, es porque estamos frente a alguien austero. Quienes presentan esta característica no les interesa demasiado el sexo. Y en lo que respecta al dinero y a los bienes materiales, trata de luchar contra todo lo que signifique material y se vuelcan, casi en forma total, a la vida espiritual.

Si, por el contrario, el **dedo Meñique** es **muy grueso**, quiere decir que ama sus propios placeres, es un hedonista, con poca sensibilidad y bastante egoísta. En general, son personas que no son muy amantes del trabajo.

OTROS PUNTOS RELEVANTES EN LOS HOMBRES

1. El monte de Venus

- *Ambición*

En el caso de los hombres hay un punto a observar, sumamente importante: el Monte de Venus. El nos habla específicamente de la ambición. Para que tenga un temperamento vital y sea una persona ambiciosa, el monte de Venus debe ser prominente. Cuando no es así, significa que no realiza sus sueños, es un soñador, pero que no puede concretar nada o le cuesta un esfuerzo enorme.

2. La línea de la Vida

- *Determinación*
- *Generosidad*
- *Salud*
- *Exito laboral*

Debe estar bien dibujada para mostrar determinación en un hombre. Pero además, si lo que queremos saber es si frente a nosotros es generoso, esta línea debe abarcar bien la superficie de la mano.

En cambio, si es fuerte, pero nace muy arriba en la palma de la mano, por debajo del Indice, significa que ese hombre es una persona egoísta. A esta característica se le suma una fuerte determinación en sus ideas y en sus actos, por lo que el resultado da hombres muy exitosos laboralmente, que es el tópico de su vida al que le dedican casi la totalidad de su energía.

Si la línea de la Vida en su recorrido por la mano llega hasta la mitad de la muñeca, denota una persona sana, que se recobra bien de las enfermedades. En el caso de los hombres implica, además, seres a los cuales les gusta la vida al aire libre, viajar, vivir en la naturaleza, el turismo de aventura. Y además tienen una gran ventaja: hay una alta probabilidad de que viva muchos años.

3. El Monte de la Luna

- Planificar, posibilidad de tener una familia

Cuando se encuentra bien desarrollado, significa que el hombre tiene capacidad de planear un futuro constructivo, de armar una familia, de llevar adelante un proyecto. Si además tiene un monte de la Luna cuyo borde se curva hacia fuera, es porque es un individuo con una gran originalidad.

LAS MANOS Y LA BÚSQUEDA DEL HOMBRE IDEAL

Si usted pretende encontrar el hombre ideal gracias a la Quiromancia, olvídelo, el hombre ideal no existe (la mujer ideal tampoco, claro).

Pero sí podemos tratar de buscar algunas cualidades que para nosotros sean importantes. Por ejemplo cuando se busca un hombre del tipo **deportivo**, se tiene que observar que tenga las manos con abundante vello. También, otro signo característico, es que tenga dedos cortos, como dijimos más arriba.

Si lo que se busca es un hombre que tenga **clase** se debe tener en cuenta que la mano no sea tan gruesa, lo que nos enfrentaría a alguien demasiado materialista, sin sensibilidad para el arte y las cosas que llenan el espíritu. Un hombre con clase tiene una mano que parece larga, pero con dedos cuadrados, con piel de fina textura y con un color saludable. En cuanto a sus dedos, éstos deben ser finos, al igual que sus Pulgares, pero sin pasarse al otro extremo, es decir que no deben ser demasiado finos como para llegar a ser considerados huesudos.

Cuando la piel del dorso de la mano es muy fina, tanto que se pueden vislumbrar las venas, es indicio de que es un hombre del tipo **académico**. Es preferible que las uñas de los dedos de las manos, en este caso, sean de forma ovalada, de lo contrario indican que las emociones profundas suelen faltar, que el hombre frente a nosotros prioriza intelecto y racionalidad frente a los sentimientos.

Si es demasiado refinada significa que es un hombre **chapado a la antigua**, muy conservador, incluso puede tener ideas algo retrógradas. Son personas demasiado meticulosas.

Cuando se busca un hombre **conversador** y **comunicativo** hay que prestar atención a los dedos Pulgares, es muy importante que sea flexible y con una inclinación hacia atrás. Quienes presentan esta característica son ese tipo de hombres a los que nunca les falta tema de conversación. Y atención, a no dejarlos pasar porque son, también, personas muy generosas con la pareja.

Cuando se busca un hombre que sea de naturaleza sensible y comunicativo, se debe observar que el dedo Indice sea más largo que el dedo Mayor y que las puntas de los dedos se encuentren redondeadas. Este tipo de hombre puede charlar por horas enteras, y probablemente sea un profesor.

Si se busca un hombre que tenga **habilidades con las manos** y que disfrute realizando tareas en el hogar, hay dos formas de elegirlos: una es observar que tenga mano Espatulada, y la otra que tenga las manos más femenina dentro de las manos masculinas. En el segundo caso se trata de hombres que no dejan de ser masculinos, pero tienen un desarrollado exquisito sentido estético. En general tocan el piano, y son muy **cultos**.

Si la base de la mano de un hombre es muy ancha, así fuere angosta en los nudillos, es un hombre naturalmente dulce y un poco **"showman"**. Le gusta llamar la atención, ser el centro, que todos se rían gracias a él. Disfruta haciendo esto.

TEST SENCILLO
PARA SABER QUIEN MANDA DENTRO
DE UNA PAREJA

Se debe colocar la palma de la mano hacia arriba, luego se deben juntar los dedos. A continuación se debe colocar el dedo Pulgar al lado de los otros dedos. Se debe observar hasta que altura de la tercera falange del dedo Indice llega el dedo Pulgar. Una vez observada dicha característica en una persona, se deberá observar lo mismo en la pareja. Al comparar, la persona que tenga el dedo Pulgar más largo será el que mande dentro de la relación.

CAPITULO 3

EL DINERO

La prosperidad económica, la tranquilidad que da el dinero ahorrado, éste es otro de los grandes interrogantes que se hace la gente a lo largo de la vida. Las preguntas más frecuentes referidas a este tema son: "¿Tendré dinero?", "¿Atravesaré por problemas económicos?", "¿Cuándo se me solucionarán los problemas económicos por los que estoy atravesando?

Para poder responder a todos los interrogantes con respecto al dinero, se debe tener en cuenta toda la mano pero, en particular, aquellos dedos que estén relacionados con él.

Mediante la Quiromancia se puede reconocer a quien está dotado para ser un hacedor de dinero por naturaleza. ¿Cómo? Muy simple, quien posea este

don debe tener en la palma de su mano, una línea que nace en la base del dedo pulgar y recorre toda la palma hasta la base del Indice. Pero, además, esta línea deberá terminar con una estrella. Si se dan estas características es porque la persona posee lo que se denomina el "toque de oro" (todo lo que toca se convierte en oro). Claro que no todos tenemos ese don. Sin embargo, la gente se relaciona con el dinero de distintas formas. Y esas dependerán de ciertas características de sus manos.

1. Pulgar muy bien desarrollado

- Los que ganan el dinero "con el sudor de la frente"

El trabajo es la forma más digna, y por otra parte más común, de obtener dinero. Y el trabajo tiene una estrecha relación con el servicios y la producción. Esto significa que, cuando una persona realiza un trabajo, en realidad está sirviendo a otra gente, o dándoles algo que ellas necesitan, y a causa de este servicio realizado es que recibe su paga. Por lo cual es el dinero más justo y mejor habido.

Para que una persona tenga la capacidad de ganar dinero trabajando, es necesario que tenga un dedo pulgar que se encuentre bien desarrollado. ¿Qué quiere decir? Que en posición de reposo, que es la indicada para esta observación, este dedo llegue bastante más arriba de la coyuntura del Indice. La falange ungulada (con uña), debe ser la sección más larga de la mano, es decir, el dedo pulgar debe tener la falange ungulada más larga que las demás secciones de los demás dedos de la mano. Se dice que cuanto más largo sea el dedo pulgar, más poderosa será la personalidad del individuo, y también su inteligencia.

En una gran cantidad de casos, la gente se gana la vida mediante el trabajo, pero no se hace rico. Por eso, para saber si una persona tiene las condiciones necesarias para hacerse rico por medio del trabajo, hay que observar si posee bien desarrollados el dedo anular, índice y el meñique. Es importante, también, que la mano tenga una buena línea de la Fortuna, sin malos signos, y una buena línea del Destino. Estas características son de vital importancia, ya que de esta manera, el individuo va a ganar dinero trabajando, pero nunca se va a hacer millonario.

2. Buena línea de la intuición

- Los que sacan dinero del dinero

Hay gente que gracias al dinero de otra gente, lo invierten, lo ponen a producir, generan más dinero y luego lo reparten. El dinero en este caso se hace mediante trabajos financieros, de inversión, o de bienes raíces.

Para hacer dinero de esta manera, se requiere ser una persona con mucha vitalidad y poseer cierta agresividad. También es necesario que esté capacitada para correr algunos riesgos más allá de los que tomaría el común de la gente.

Las manos características de quienes hacen rendir el dinero, son los que tienen una buena línea de la intuición. También es importante que se encuentre una línea de la Salud fuerte, sin malos signos (recordemos que en Quiromancia, la línea de la Salud significa abundancia).

Pero no todo es positivo. Cuando en manos con estas características aparece también la línea Lasciva, entonces cuidado. Esta situación indica que la persona gasta el dinero más rápido de lo que lo gana. Para que esto no suceda, es de vital importancia encontrar un buen monte de Venus, proporcionada y de consistencia firme.

En este caso, debe existir una línea en la palma de la mano que nazca en la base del pulgar, y atraviese la mano, hasta debajo del dedo mayor.

3. Línea desde el Monte de Venus hasta el dedo meñique

- Los que reciben dinero por herencias

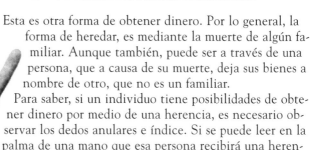

Esta es otra forma de obtener dinero. Por lo general, la forma de heredar, es mediante la muerte de algún familiar. Aunque también, puede ser a través de una persona, que a causa de su muerte, deja sus bienes a nombre de otro, que no es un familiar.

Para saber, si un individuo tiene posibilidades de obtener dinero por medio de una herencia, es necesario observar los dedos anulares e índice. Si se puede leer en la palma de una mano que esa persona recibirá una herencia, se debe buscar la existencia de una línea que nazca en el monte de Venus, en la base del dedo pulgar, y que recorra toda la mano hasta llegar a la base del meñique.

4. Línea del Corazón debajo del dedo índice y con estrella

- Los que pasan a tener dinero gracias a un conveniente matrimonio

El dicho afirma "contigo pan y cebolla". Pero si en vez de pan hay caviar y en lugar de cebolla, especias importadas, mucho mejor. Este es el caso de quines contraen matrimonio con un individuo que posee mucho dinero.

Y recién a partir de ahí la persona en cuestión comienza a tener relación con el dinero. Al respecto, hay gran cantidad de leyes complejas, y éstas son muy diferentes en cada nación. Inclusive hay países donde existen los contratos prenupciales, donde se deja bien aclarado de quién es cada cosa y con qué se queda cada una en caso de ruptura.

Para que una persona, llegue a tener relación con el dinero a partir de un matrimonio, su mano debe tener la línea del Corazón naciendo por debajo del dedo índice. Pero con esto sólo no basta. Es necesario también que exista una estrella en la línea del Corazón.

5. Línea de la Fortuna

- Los que ganan dinero mediante el juego

Esta es una forma de tener relación con el dinero que no es la más recomendada. Estas personas son jugadores por naturaleza, muchas veces compulsivos a pesar de ellos mismos. Y el juego es azar, a veces se gana y otras se pierde.

Para que una persona tenga la capacidad de obtener dinero por medio del juego, hay que observar la línea de la Fortuna y los signos que representan la suerte. Repasemos los conocimientos vertidos en la primera sección. Los tipos de manos que tienen más relación con la suerte son la cónica y la puntiaguda. Los signos que se encuentran más íntimamente relacionados con la suerte son: la estrella, los tres brazaletes y el ángulo de la suerte. Pero por sobre todo, cuando en una mano hay una estrella en el dedo anular, los tres brazaletes bien definidos, y el ángulo de la suerte, entonces la persona tiene grandes posibilidades de ganar dinero en el juego.

6. Monte del Sol
muy fuerte y bien desarrollado

- Los que roban el dinero de otros

Esta es una forma ilegal de obtener dinero y la gran mayoría de las veces son grandes estafadores o gente corrupta. Esta forma, en general, se encuentra emparentada con el poder.

¿Cómo identificarlos a través de la Quiromancia? Se los puede identificar pues poseen un monte del Sol muy fuerte y muy bien desarrollado, que contrasta con el de una mano normal.

7. Dedo mayor inclinado hacia el índice

- Los que ahorran como las hormigas

El ahorro es una forma muy válida de tomar contacto con el dinero. Una gran cantidad de personas ahorran hasta el último centavo que tienen, y así, a lo largo de la vida, logran tener una gran cantidad de dinero.

Para saber, si alguien tiene dadas las condiciones para llegar a ser un gran ahorrista, que hace del ahorro una forma de vida, es importante observar en su mano los dedos índice y mayor. La principal característica, en este caso, es que el mayor se incline hacia el índice. También en muchos casos la mano toma la forma ahuecada y los dedos se juntan.

En este tipo de personas se dan dos características: anhelan tener mucho dinero y lo logran, pero tienen un fuerte impedimento para gastarlo. ¿Qué observar en la palma de sus manos? En general, se encuentra un monte de Venus muy estrecho, y también una grilla bajo el dedo mayor. El pulgar es rígido y forma un ángulo pequeño con la palma de la mano.

8. Pulgar largo y puntiagudo; mano flexible

- Los que obtienen dinero gracias a la caridad

La caridad es otra forma de ganar dinero. El caso más obvio es el de las personas que viven en hospicios u orfanatos, o inclusive en la calle. Pero los carenciados no son los únicos que obtienen dinero a través de la caridad. Hay gente que también vive de lo que puedan darle los demás o de prestado, siempre pidiendo dinero a sus amigos y a sus familiares, que, seguramente, nunca devolverán. Veamos el caso extremo, el del mantenido, para quien obtener dinero de la caridad de los otros es una elección y no la única salida que tiene. Cuando se quiere saber si una persona es de las del tipo que necesita que otro las mantenga, hay que observar que en su mano se encuentren las características que detallamos a continuación.

- Un dedo pulgar largo y forma puntiaguda

- Que la mano sea flexible

- Que la palma sea demasiado blanda

9. Estrella en la línea de la Fortuna

. Los que hallan dinero

Por último, hay una forma de tomar contacto con el dinero, que no es del todo común. Es el caso de la gente que halla un botín de dinero, un tesoro perdido, o que tiene la suerte de encontrar una veta única para explotar. Esta es una forma que tiene mucha relación con la suerte del individuo.

Para poder deducir a partir de la lectura de una mano, que una persona puede llegar a hallar dinero, es importante (como lo era en el caso de los jugadores) encontrar diversos signos que denotan suerte. Uno de estos es la estrella en la línea del Destino o de la Fortuna. También es muy común encontrar una línea de la Intuición muy marcada, y otros signos que denotan espiritualidad, o comunicación con lo sensorial, tales como la cruz Mística o el Anillo de Salomón. También es necesario que se encuentre una línea que nazca en la línea de la Cabeza y atraviese toda la mano, hasta llegar a la base del dedo anular, cortando en forma de cruz la línea de la Fama.

A CADA MANO UN DINERO

Se puede, también, predecir la relación de una persona con el dinero, de acuerdo al tipo de mano que tenga. A grandes rasgos se puede decir que:

1. La mano cuadrada

- Trabajo; hecho fortuito

Las personas que tienen mano cuadrada, en general, llegan a tener dinero a través del trabajo. También existen casos que obtienen dinero a través de hechos más fortuitos o ajenos a ellos: o una herencia o de un matrimonio, o un tesoro/veta escondido. Pero nunca, su relación con el dinero, será a través de un robo ni por medio de la caridad.

2. La mano puntiaguda

- Juego; herencia; hurto

Estas personas en general obtienen dinero a través del juego; lo suyo no es el trabajo bajo ninguna circunstancia. También pueden llegar a relacionarse con el "vil metal" por medio de una herencia, forzando inclusive a que alguien les legue sus bienes. Son capaces de llegar a cometer un hurto.

3. La mano mixta

- Matrimonio

Estas personas cuentan con las condiciones necesarias para ganar dinero trabajando pero, a pesar de ello, no son trabajadores. No les gusta sacrificarse, sentir el sudor en su frente. En la gran mayoría de los casos llegan a tener relación con el dinero a través del matrimonio.

4. La mano cónica

- Herencia; matrimonio

Poseen la capacidad de ganar dinero trabajando. Pero también pueden heredarlo y, en la mayoría de los casos, su acceso al dinero es a través del matrimonio. En algunos pocos casos pueden también recibir dinero por la caridad. Digamos que para este tipo de mano, cualquier opción legal para obtener dinero es válida.

5. La mano espatulada

- Hecho fortuito

En general, tienen capacidad para ganar dinero trabajando, y también son muy proclives a hallar dinero. Pero cuidado, porque no tienen muchos escrúpulos y hasta pueden llegar a robarlo. Y así como lo consiguen lo pierden, ya que los seres con este tipo de mano, en general, pierden dinero y muchas veces lo derrochan lastimosamente.

EL DINERO
Y SU RELACION CON LOS DEDOS

Como ya sabemos, los dedos son también un instrumento muy importante para la Quiromancia. En cuanto a sus diferentes características relacionadas con el dinero, se puede decir:

1. El dedo índice

Cuando es fino, significa que la persona tiene las condiciones necesarias para poder ganar dinero por medio de su profesión.

2. El dedo mayor

Si es largo y de buenas proporciones, significa que la persona tiene la capacidad para poder ganar dinero por medio de su verdadera vocación. Se diferencia del caso anterior en que no siempre la profesión es su verdadera vocación.

3. El dedo anular

Cuando el anular, o dedo del Sol, es largo, significa que en este caso existe cierta inclinación hacia el arte, y es por este medio que podrá llegar a ganar mucho dinero.

4. El dedo meñique

Si el dedo Meñique o dedo de Mercurio es largo, significa que se posee las condiciones necesarias para ganar dinero mediante arriesgadas empresas o especulaciones.

CAPITULO 4

LA SALUD

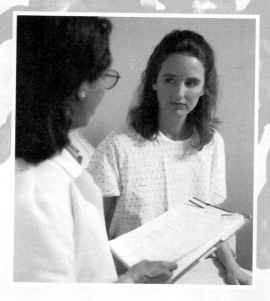

L a salud es una de esas cosas que valoramos cuando la perdemos. Pero, ¡cuántas veces la subestimamos cuando nos encontramos sanos! Recién al enfrentarnos a problemas de salud nos ponemos a pensar de qué valen los logros en la vida si no estamos sanos. Por este motivo quienes más preguntan por la salud son quienes se han visto enfrentados a enfermedades, ellos mismos o gente cercana.

Los que conocen la Quiromancia en profundidad, aseguran que en las manos se encuentran representadas una gran cantidad de enfermedades. Hasta la medicina tradicional hace uso de este instrumento para detectar ciertas dolencias como, por ejemplo, evaluar el color de las palmas de las manos para saber si una persona se encuentra anémica.

LOS ACCIDENTES, UN CAPITULO APARTE

- *Línea de la cabeza*
- *Monte de Saturno*
- *Campo de Marte*

Para poder saber si una persona es propensa a tener accidentes, es importante observar si se encuentra una cruz en la línea de la Cabeza, bajo el monte de Saturno. Hay otros datos secundarios que se pueden tomar en cuenta. Por ejemplo, si existe una cruz sobre el monte de Saturno, o si hay estrellas o cruces en al campo de Marte.

Anemia

- *Monte de la Luna*
- *Color*
- *Uñas*

La anemia se encuentra indicada en la mano, básicamente por el color amarillento pálido que toma la palma. Otra característica reconocible es que las uñas se vuelven débiles y quebradizas.

Pero yendo más allá en los preceptos de la Quiromancia, se puede reconocer a las personas propensas si se puede distinguir un gran número de líneas que se encuentran en la parte inferior del monte de la Luna.

Bronquitis

- *Monte de Marte*

La bronquitis está representada en el monte de Marte. Para que la persona tenga propensión a padecerla, este monte debe estar muy abultado y estar repleto de finas líneas. También si se encuentra un gran número de líneas cruzadas, desde el borde exterior de la palma hasta el monte de Marte.

Problemas Cardiovasculares

- *Campo de Marte*
- *Uñas*
- *Monte del Sol*
- *Línea del corazón*

Las enfermedades de índole cardiovascular se encuentran representadas en el campo de Marte, y para que estos trastornos existan debe observarse que este campo está ahuecado hacia la línea del Corazón.

También forman parte de los síntomas de complicaciones cardiovasculares las uñas de las manos de color azul que están cortadas de forma cuadrada. Otro indicio surge observando si el monte del Sol es prominente o con muchas rayas.

Y fundamentalmente si la línea del Corazón se encuentra formada por cadenas, y a la vez se presenta cortada por líneas transversales.

Cerebral

- *Campo de Marte*
- *Línea de la Cabeza*
- *Línea de la Vida*

Las enfermedades de origen cerebral se deben buscar en el campo de Marte. Si la persona tiene propensión o existe la posibilidad de que padezca alguna enfermedad de este tipo, el campo de Marte se debería encontrar curvado hacia la línea de la Cabeza. También, aunque no es determinante, se puede observar si alguien tiene probabilidades de padecer este tipo de enfermedad cuando la línea de la Cabeza es de forma ondulada y se inclina hacia la línea de la Salud.

Otra característica a tomar en cuenta es cuando la línea de la Cabeza posee muchos cortes y se encuentre de color muy pálido y con puntos negros.

Pero también hay otros indicios que podemos llamar menores. Por ejemplo, cuando la línea de la Vida se presenta en forma de horquilla en su nacimiento, cuando se observa bien marcada, o está atravesada por una barra profunda, o tiene una leve inclinación hacia un monte de la Luna y está repleta de estrías.

Circulación

- *Línea del Corazón*

Las enfermedades de origen circulatorio se pueden reconocer en una mano en la línea del Corazón. Lo que hay que observar es si la línea se encuentra cortada por debajo del monte de Saturno.

Demencia

- *Monte de Saturno*
- *Monte de la Luna*
- *Línea de la Cabeza*

Atención! Lo que indica la palma es sólo una tendencia, una posibilidad que puede no concretarse nunca si la persona no se enfrenta con determinadas situaciones traumáticas. La demencia se encuentra representada en una mano cuando se observa el signo de la Luna sobre el monte de Saturno. Otro indicio de esta tendencia es cuando se tiene un gran número de líneas muy confusas sobre el monte de la Luna. Pero además el monte de la Luna debe ser de una importante protuberancia. Y la línea de la Cabeza ser oblicua, y encontrarse repleta de estrellas o cadenas. Más precisamente la línea de la Cabeza tiene que ser oblicua hacia abajo del monte de la Luna, con una estrella en la segunda falange del dedo mayor. También puede haber cierta tendencia cuando la línea de la Cabeza es de forma ondulada, y se acerca a la línea del Corazón bajo los montes del Sol y de Mercurio. Y, por último, otro indicio es que cuando alguien puede llegar a padecer demencia, la línea de la Vida dibujada en su mano nace con forma de horquilla. La demencia tiene muchos signos observables. Pero esto tiene más que ver con el miedo que la gente tiene a padecerla que con la fuerza real de predicción de cada uno de esos signos.

Genitales

- Monte de Venus

Un Monte de Venus fuertemente marcado advierte sobre un posible problema o tendencia a afecciones de tipo genital. Otro indicador es una estrella en la intersección de la línea del Cabeza y la línea de la Salud.

Hemorroides

- Monte de Saturno

Para los signos de problemas relacionados con las hemorroides en una mano, debemos mirar con detenimiento el monte de Saturno. Cuando la persona observada tiene hemorroides o tendencia a tenerlos, el monte de Saturno se muestra muy prominente y, a veces, atravesado por un gran número de estrías.

Heridas de muerte

- Línea de la Vida
- Línea de la Cabeza
- Línea del Corazón
- Línea del Destino

Se encuentran representadas en la palma de la mano por medio de estrellas o cortes que afectan la línea de la Vida. Una característica importante, en este caso, es que la línea de la Cabeza y la del Corazón está en forma claramente visible en ambas manos. También, debe hallarse una línea del Destino con diversos cortes, o con signos inquietantes.

Como advertimos, estos signos que busca la Quiromancia indican tendencias, pero de ninguna manera son determinantes, y una actitud alerta y de cuidado puede contrarrestar la tendencia.

Instinto de Muerte
(Pulsion tanática)

- *Forma de la mano*
- *Forma de los dedos*
- *Monte de Saturno*
- *Monte del Sol*
- *Monte de Mercurio*
- *Monte de la Luna*
- *Línea de la Vida*

Si una mano es larga y fina hay que considerar que la persona es probable que tenga cierta atracción hacia la muerte o las cosas negativas, o que su instinto vital es débil. Para este tipo de personalidad lo más común es que los dedos sean nudosos. Otro indicio es que el monte de Saturno se encuentra muy rayado, o sea prominente. También debe tener una estrella sobre el dedo mayor. También es común que el monte del Sol esté muy desarrollado y el de Mercurio fuertemente rayado con líneas entrecortadas. La parte baja del monte de la Luna se debe encontrar muy estriado, y con una horquilla inclinada hacia la línea de la Cabeza.

En un caso extremo, por ejemplo una persona que hace todo para morir o de un condenado a muerte, además de los signos anteriores, la línea de la Vida es corta.

Intestinos

- *Monte de la Luna*
- *Monte Superior de Marte*
- *Línea de la Cabeza*

Los trastornos intestinales se encuentran representados en la mano por una profunda línea roja entre el dedo índice y el mayor.

Además en estos casos el monte de la Luna y el monte superior de Marte se encuentran repletos de estrías. Otro signo muy importante es la presencia de una isla. ¿Dónde? Exactamente al final de la línea de la Cabeza.

Muerte Precoz

- *Línea de la Vida*
- *Línea de la Cabeza*
- *Línea del Corazón*

La muerte precoz se encuentra reflejada sólo cuando la línea de la Vida es corta en ambas manos. Pero además de lo detallado anteriormente, también debe darse que la línea de la Cabeza y la del Corazón se corten en forma brusca sin llegar a la línea del Destino. En este caso, lo común es que la línea de la Cabeza se eleve en forma ondulada hasta la del Corazón, por debajo del monte de Mercurio.

Muerte violenta

- *Línea de la Vida*
- *Línea de la Cabeza*
- *Línea del Corazón*

Los indicios de una posible muerte violenta hay que buscarlos en la palma de la mano afectando o modificando la línea de la Vida. En este caso dicha línea debe terminar sobre un punto profundo o una raya, que se acaba bruscamente sobre algunas rayas cortas y paralelas. En estos casos, la línea de la Vida, la de la Cabeza y la del Corazón, son fáciles de confundir en sus comienzos. También, puede encontrarse una línea corta, descendente hacia la articulación de todos los dedos. Además, si se observa con detenimiento, se debería ver la presencia de una cruz sobre la línea de la Cabeza, en la parte media de dicha línea. Pero además, una muerte violenta está representada, por una rejilla sobre el monte superior de Marte.

Problemas oftalmológicos

- *Línea de la Vida*
- *Línea del Corazón*

Las enfermedades relacionadas con los ojos se pueden predecir en tanto se encuentre un círculo sobre la línea de la Vida. En este caso ser tendrán inconvenientes con uno de sus ojos. Si hay un círculo sobre la línea de la Vida y otro sobre la del Corazón, puede haber problemas en los dos ojos. Otro indicio es cuando se encuentra una cruz que interrumpe la línea de la Cabeza, o la del Corazón, justo por debajo del monte del Sol. También es un mal signo para la visión, cuando se ve una estrella en el Triángulo, cerca de la línea de la Vida.

Suicidio

- *Monte de Saturno y Monte de la Luna*

Hay gente que sería incapaz de cometer un suicidio le pase lo que le pasare. En cambio hay otro tipo de personas que ante determinadas circunstancias de la vida podrían llegar a evaluar la idea de suicidarse e, inclusive, llegar a hacerlo. La Quiromancia trata de detectar esta tendencia e informarla a quien lo pide, de manera de poder estar prevenido y escapar a esa atracción.

El suicidio se encuentra representado en una mano por medio de una estrella sobre el monte de Saturno y el de la Luna. En este caso el monte de la Luna debe ser, además, muy prominente.

En las manos, la línea de la Cabeza toma una forma de curva invertida, fundiéndose en la de la Salud. También hay que observar que la línea del Destino es poco visible en el caso de tendencia suicida. Por último, cabe destacar que existe un gran número de rayas sobre la línea de la Vida.

Problemas
de tipo Respiratorio

- Uñas
- Monte de Júpiter
- Línea de la Cabeza

Las enfermedades de tipo respiratorio se pueden reconocer por encontrar una palma de la mano espesa. Las uñas son largas y se rompen con facilidad. Además suelen tener forma abultada.

El monte de Júpiter se debe encontrar muy desarrollado y hay numerosas islas sobre la línea de la Cabeza. Por último, debe darse la existencia de una línea de influencia que pase sobre el monte de Júpiter y que finalice en una isla.

Trastornos Reumaticos

- Color
. Monte de Saturno
. Monte de la Luna
. Línea de la Vida

Al reumatismo se lo puede reconocer porque la piel de las manos se encuentra satinada. Observando detenidamente se pude vislumbrar, además, que el monte de Saturno tiene dimensiones muy grandes, y que además de encontrarse desarrollado posee una gran cantidad de estrías.

Otra característica es observar que la parte inferior del monte de la Luna tenga buenas dimensiones. La línea de la Vida debe encontrarse bien curvada y ser de color rojo en su finalización. También es posible encontrar algunas líneas que se entrecruzan sobre la línea de la Vida, hasta el monte de Saturno.

Sistema nervioso

- Campo de Marte
- Monte de Saturno
- Monte de la Luna

Son representadas sobre el campo de Marte. Para que se pueda intuir alguna enfermedad de este tipo, éste monte debe hallarse ahuecado hacia el monte de la Luna. Además, la primera falange del dedo pulgar debe ser de forma llana. Cuando hay tendencia a problemas nerviosos e inclusive a algún tipo de desorden mental, el monte de Saturno se encuentra muy desarrollado y estriado. Y sobre la parte baja del monte de la Luna debe encontrarse un punto muy ancho, o una marca. En estas palmas la línea de la Vida en lugar de tener un trazado simple, se encuentra formada por cadenas.

Estrés

- *Palmas*
- *Dedos*

Al estrés, se lo reconoció hace muy poco como una "enfermedad". ¿Y cómo nos puede ayudar la Quiromancia? Se ha observado que esta enfermedad la padecen más comúnmente quienes tienen las palmas de las manos completas, o sea llenas de líneas y signos. Ello se debe, en parte, a que las personas que tienen ese tipo de manos son muy nerviosas, y también que desarrollan muchísima actividad y con algunos problemas para poner límites.

El estrés, asimismo, se encuentra representado en la punta de los dedos. Cuando en las yemas hay una gran cantidad de líneas en forma vertical, es porque esa persona tiene propensión a encontrarse en situaciones estresarse.

Si el estrés es producto de que la persona tiene problemas sin resolver, y de su actividad desmedida por tratar de solucionarlos, es de gran importancia, saber en qué dedo en particular posee dichas líneas. ¿Por qué? Porque depende de en qué dedo estén las líneas, será el tipo de problema que dicha persona tenga. (Ver capítulos 5 a 10).

CAPITULO 5

LA SUERTE

- Cuadrados

- Angulo de la suerte

- "M"

- Triángulo

En muchas culturas se cree que la suerte, como tal, no existe. En Quiromancia, en cambio, no sólo se cree que existe sino que además hay que ayudarla. En la palma de la mano, la suerte aparece representada de diversas formas. Y en este caso, como en tantos otros, hay que saber observar profundamente las manos para poder hallar los diversos signos buscados.

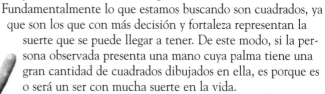

Fundamentalmente lo que estamos buscando son cuadrados, ya que son los que con más decisión y fortaleza representan la suerte que se puede llegar a tener. De este modo, si la persona observada presenta una mano cuya palma tiene una gran cantidad de cuadrados dibujados en ella, es porque es o será un ser con mucha suerte en la vida.

También es un signo de suerte el llamado "ángulo de la suerte", que se forma por medio de los finales de la línea de la Vida y de la Cabeza. Lo que hay que observar en este caso es la apertura del mencionado ángulo ya que cuanto más obtuso sea, mayor suerte tendrá la persona que lo posea.

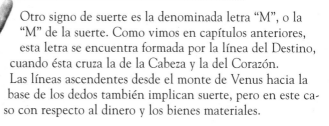

Otro signo de suerte que puede encontrarse en una palma de la mano, es el llamado "Triángulo". Este se encuentra formado por la línea de la Vida, la de la Cabeza y por la de la Salud. Cuanto más amplio sea este espacio, mayor suerte correrá la persona.

Otro signo de suerte es la denominada letra "M", o la "M" de la suerte. Como vimos en capítulos anteriores, esta letra se encuentra formada por la línea del Destino, cuando ésta cruza la de la Cabeza y la del Corazón.

Las líneas ascendentes desde el monte de Venus hacia la base de los dedos también implican suerte, pero en este caso con respecto al dinero y los bienes materiales.

CAPITULO 6

EL EXITO

- *Dedo anular*

- *Area de Urano*

Queremos reservar unas líneas para hablar del éxito. Pero para esto es necesario aclarar primero a qué nos estamos refiriendo, ya que puede tener éxito una madre, un ama de casa, un taxista, el presidente de una república o un médico de frontera. Si lo que queremos saber es si una persona va a ser exitosa en su vida de todos lo días o en la profesión que elija, deberemos atenernos a lo explicado en los capítulos anteriores sobre cada uno de estos tópicos en particular. Y si básicamente nos interesa saber si alguien va a ser exitoso en general, debemos observar el dedo índice, el monte debajo de este dedo y, por supuesto, en la línea del Destino.

Pero hay otra clase de éxito, el relacionadocon el arte, con el mundo del espectáculo y los medios de comunicación, y a ese tipo de éxito queremos referirnos en este capítulo. Para ello se debe observar particularmente en el dedo anular y toda el área regida por Urano (monte, dedo, etc.). Un dato muy interesante a tener en cuenta es que una línea de la Fama bien trazada, que termina en una estrella, es evidencia casi irrefutable de que esa persona tendrá su lugar en el mundo de los que reciben aplausos de los demás.

Pero atención porque así como es fácil observar este tipo de signos, y hay que estar muy atento a cualquier marca o signo que interfiera en esa posible fama. De nada nos sirve tener una evidencia de que vamos a ser muy exitosos si por otra parte aparece un signo o marca que lo anula (Se recomienda repasar lo visto en marcas, sobre todo en las negativas, y lo relacionado con el dedo de Saturno que es quien más puede influir negativamente sobre este tópico).

TERCERA PARTE

CAPITULO 1

LAS HUELLAS DACTILARES

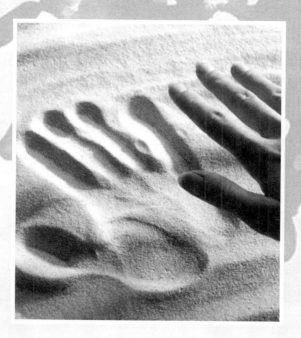

¿QUE SON LAS HUELLAS DACTILARES?

S on las marcas que dejan las yemas de los dedos. Estas huellas son estudiadas desde hace varios siglos en el mundo. Existen registros del uso de huellas dactilares en China, en el siglo III a.C., así como en Babilonia y en Asiria (se cree que en Babilonia era utilizadas para usos comerciales). En Perú existe un enorme dibujo que sólo puede ser visto desde al aire sobre este tema, cuyas fotografías fueron presentadas a la Asociación Internacional de Identificación, para que se expida sobre si son o no huellas dactilares. Ya en el siglo XIV, en Persia, se había observado que dos huellas dactilares no son idénticas, según lo registrado en algunos papeles oficiales y de gobierno hallados. Y en 1686, Marcello Malpighi, un profesor de anatomía de la Universidad de Bologna, constató determinadas características de las huellas dactilares.

De todas maneras, no fue hasta el siglo XIX d.C., que se estudió el verdadero potencial que estos signos pueden tener. En 1823, John Evangelist Purkinji, un profesor de anatomía de la Universidad de Breslau, publicó una tesis donde establecía 9 patrones de huellas dactilares, pero no hacía mención sobre su valor para la identificación de personas. En 1877 sir William Hershel, principal Jefe de la Oficina de Administración, en Bengala, India, por primera vez usó las huellas dactilares en los contratos que se firmaban con quienes no sabían escribir. Y en 1880, el Dr. Henry Faulds, mientras trabajaba en Tokio, publicó un artículo en el Scientific Journal que hablaba de las posibilidades de usar las hullas dactilares como forma de identificación personal, de emplear huellas de tinta como método. En la misma década (1880) sir Francis Galton, un primo de Charles Darwin, antropólogo, comienza los estudios de las huellas dactilares como forma de identificación; publica un libro donde habla de la individualidad y inalterabilidad de las huellas (el libro incluye la primera clasificación de las huellas dactilares). Después de recorrer este largo camino, la ciencia de las huellas digitales nació a raíz de la necesidad de identificar al ser humano. El primer sistema utilizado, fue el del antropólogo y físico francés Dr. Luis Adolfo Bertillon. Este método consistía en catalogar un juego de once mediciones de huellas dactilares, lo que hacía que estadísticamente la posibilidad de que dos personas tengan la misma huella digital, sea de 1 en 286.435.456.

Un segundo sistema de clasificación se ponía en práctica en la República Argentina, a fines del siglo XIX, por un oficial de la policía llamado Juan Vucetich. El método de Vucetich es el sistema que se utiliza actualmente en la mayoría de los países del mundo. Los estudios de Vucetich se basaron en los de Galton y en los de Bertillon. Fue en el año 1892 que Vucetich realiza la primera toma de huella dactilar a un sospechoso. Posteriormente, se comparó ésta con las huellas dejadas por el asesino en el lugar del crimen y se comprobó que eran iguales (fue el caso Rojas, el de una mujer que asesinó a sus dos hijos).

Hoy en día las tomas de las huellas digitales son guardadas en computadoras por medio del A.F.I.S. (Automated Fingerprint Identification Systems), programa utilizado para reconocerlas y buscar su par en los archivos.

¿CUAL ES EL INTERES DE LA QUIROMANCIA POR LAS HUELLAS DACTILARES?

Como ya dijimos, las huellas dactilares son las marcas que dejan las yemas de los dedos. Las huellas digitales no son hereditarias.

Pero más allá de su utilidad en la identificación de las personas, también aportan otro tipo de información al ser humano, referida a la personalidad que posee el individuo. Se puede decir que a través de las huellas dactilares se puede conocer:

1- *Las **capacidades** de cada persona.*

2- *Las **actitudes** que tiene frente a la vida.*

3- *Las **perspectivas** en cuanto a la vida.*

4- Características *principales de la **personalidad**.*

5- *Las **motivaciones** que tiene una persona.*

6- *El grado de **adaptabilidad** frente a la vida.*

7- *Su capacidad de **apertura mental** .*

8- *La capacidad de **comunicación**.*

9- *Los **talentos** de una persona.*

10- *Las **habilidades** que puede tener.*

11- *Sus valores **morales**.*

12- *Su capacidad de **organización**.*

PATRONES
DE LAS HUELLAS DACTILARES

Se las agrupa por patrones. Existen tres que principales, y de cada patrón surgen otras categorías. Los tres principales son: el Arco, el Espiral, y el Lazo.

En este capítulo, vamos a ver las características de las personalidades que poseen los tres patrones principales, y dos de los secundarios. Cada patrón es representativo de una personalidad diferente.

I- EL LAZO

- *Adaptabilidad, versatilidad, comunicatividad*
- *Simpatía, buenos padres, confiables*
- *Cambian de idea con facilidad*

El Lazo es uno de los tres patrones principales de las huellas dactilares. Y además, es el más común entre los seres humanos. La característica principal es que se adaptan muy fácilmente a las diferentes circunstancias que se les presentan en la vida. Tienen un gran poder de adaptación, que a veces se vuelve en su contra cuando se "sobreadaptan" y acceden a situaciones que no deberían aceptar.

Si el Lazo como patrón principal de las huellas dactilares, son también individuos versátiles en cuanto a sus habilidades y extremadamente comunicativos.

Por otro lado, y esta es su principal contra, quienes tienen este patrón de huellas son personas que pueden cambiar fácilmente de idea, se van de un extremo al otro, sin inconveniente.

Además, suelen ser rápidos y es signo de alguien amigable, con intereses fáciles de compartir con el resto de la gente.

Ahora bien, hay que tener en cuenta un detalle más: depende de la cantidad de dedos que tengan Lazos, será la personalidad del individuo.

Si una persona tiene en sus manos dedos que en su mayoría forman Lazos, entonces sus características más sobresalientes seguramente serán la simpatía, la consideración, y el espíritu de colaboración. Siempre tienen tiempo para sus amigos, los cuales, a su vez, forman una parte muy importante en su vida. También, les gusta los deportes. En general, buscan programas y actividades donde no se encuentren solos, no son amantes de la soledad, no saben qué hacer cuando no están acompañados. Son buenos padres y disfrutan mucho educando a sus hijos.

Si el Lazo es de dimensiones pequeñas, la persona tiene un interés profundo por una gran diversidad de temas. Es muy difícil para ellas terminar una carrera, ya que su interés se encuentra en varias a la vez. Todo les interesa, todo quieren hacer y abarcar. A pesar de la diversidad de intereses se puede decir que las profesiones más elegidas por quienes presentan huellas con patrón de Lazo pequeño son: las ciencias, el arte, la asistencia social, la medicina forense Si el Lazo es de grandes dimensiones, significa que la persona se pasará la vida estudiando, especializándose. En este caso las profesiones preferidas son: la publicidad, el periodismo, la fotografía, el guión de televisión, la producción de televisión, la edición de televisión, la cocina, el cine.

2- EL ARCO

- *Carácter retraído, timidez, encierro en sí mismas*
- *Esconden la verdad*
- *Curiosos, perseverantes*
- *Sensuales*

El Arco es otro de los tres patrones principales de las huellas dactilares. Muchos autores se refieren a él como al "arco iris", por el trazado que dibuja, tiene una curva que llega desde una punta del dedo hasta la otra sin interrupción.

Este tipo de patrón es frecuente en las personas que poseen un carácter retraído, tímidas a las que les cuesta relacionarse con los demás.

Si es el Arco patrón principal de sus huellas dactilares, en ocasiones extremas, les es sumamente difícil y hasta no pueden comunicarse con el exterior. Para este tipo de personas, el encierro en sí mismos en el que se sumergen, redunda, inclusive, en enfermedades que van desarrollando y padecen todo tipo de enfermedades psicosomáticas.

Y ¡atención! Porque a simple vista uno nota que este tipo de individuos tiene una personalidad misteriosa. Pero hay algo peor a lo que les cuesta escapar: casi siempre esconden parte de la verdad.

Por las características que venimos detallando, a quienes tienen, el Arco como patrón principal les cuesta mucho esfuerzo y tiempo hacerse amigos que a las personas que tienen el Lazo como patrón principal. Pero, por otra parte, cuando tienen un amigo crean una relación muy fuerte, la cual se mantiene a pesar de los avatares de la vida.

Y hay otra cualidad interesante para este grupo: si tienen Arcos como signos de sus huellas dactilares, son muy sensuales, especialmente si el Arco está en su dedo índice. En cuanto a lo intelectual, las personas con este tipo de huellas son curiosos, a los que les gusta llegar al fondo de las cosas y no se conforman con las medias tintas. Justamente estudian una o más carreras, y tienen diversos hobbies.

¿Y qué pasa con los afectos? Las personas con el arco como patrón de la huella digital forman una familia luego de varios años, o no la forman nunca, ya que, en la mayoría de los casos se encuentran muy ocupados con sus carreras. No lo descartan sino que piensan que ya tendrán tiempo, y así va pasando la vida.

En cuanto al éxito, llegan a alcanzar las metas que se proponen, y ello se debe, no sólo a sus estudios, sino a su tenaz perseverancia. Sobre todo, si el Arco se encuentra en el dedo índice significa que se encuentra constantemente estudiando diferentes cosas. Por otra parte, es bastante difícil encontrar el Arco en otro dedo que no sea el índice. En cuanto a la vocación y las profesiones tienen preferencia por las siguientes: el diseño, la investigación científica, las letras, la arqueología.

3- EL ESPIRAL

- *Individualistas*
- *Apasionadas*
- *Les cuesta adaptarse*
- *No resignan su independencia*
- *Talentos especiales*

El Spiral es el tercero de los tres patrones principales que existen en las huellas digitales. Se puede decir que la característica más importante de quienes poseen este patrón, es que son totalmente individualistas. Primero están ellos, después ellos y más tarde... ellos.

Quienes tienen este tipo de huella dactilar suelen ser muy apasionados, y sus creencias se encuentran muy arraigadas, por lo que resulta sumamente difícil hacerles cambiar de idea. No tienen el poder de adaptarse con facilidad ni a las personas ni a las circunstancias de la vida. Esta falta de adaptación, no la toman como un problema o característica propia de ellos sino que esperan que los demás se adapten a sus reglas, deseos, o mirada.

Además, quienes tienen las huellas con patrón de espiral les cuesta, más que a la mayoría de la gente, resignarse a perder su independencia.

¿No hay nada bueno para destacar? Claro que sí. Sus ventajas es que cuentan con habilidades perceptivas, lo que los convierte en seres muy excepcionales. Las profesiones preferidas por las personas que poseen el espiral como patrón principal de sus huellas dactilares, son: el periodismo, la escritura, la magia, la actuación, la fotografía de modelos, el diseño, la decoración, la investigación privada, la música, el diseño de modas, la invención, la ingeniería en sistemas.

4- LA CARPA

- Idealistas
- Sensibles, emocionales
- Impulsivos, ansiosos

La Carpa corresponde a uno de los patrones secundarios que pueden tener las huellas dactilares. Estas personas son idealistas, su parte emocional gobierna sobre lo racional.

Justamente por esto, son personas de naturaleza sensible, muy emocionales y de llanto fácil. Pueden llorar porque se perdió el gato, porque se enteraron, que alguien sufre o porque la ultima publicidad de mermelada "es tan linda, tan tierna".

Pero para su desgracia, son también individuos impulsivos y poseen una gran ansiedad que a veces no saben cómo manejar, y que los lleva a sentir que nunca se concretarán sus ideales. Otra característica es que son muy buenos padres con hijos grandes, pero con bebés y niños no tienen la paciencia suficiente, justamente por esa ansiedad que los domina.

Quienes poseen la Carpa como patrón principal de sus huellas digitales, prefieren las siguientes profesiones: el periodismo, la farmacia, la escritura (novelas), o alguna carrera con relación a la seguridad, como detective o investigador.

5- DOBLE LAZO

- Pensamiento doble
- Gran poder de adaptación, soñadores
- Padres excepcionales, cariñosos y responsables
- Delito

El doble Lazo es otro patrón secundario de las huellas dactilares, es muy difícil de encontrar, son muy pocas las manos que lo tienen. Por suerte, ya que se lo considera un patrón característico entre los ladrones y criminales. Pero atención, porque no todos los que tienen este patrón dactilar tienen que ser malas personas y de hecho no lo son. A veces aparece en gente común. Pero en este caso es más frecuente hallarlo en los dedos pulgar e índice, y menos común hallarlo en los dedos mayor, anular y meñique.

Cuando no estamos analizando a quien puede estar en contra de la ley o cometer un delito, el doble lazo es simplemente sinónimo de pensamiento doble. Esto quiere decir que las personas normales que presenten este lazo poseen ideas y sentimientos ambivalentes. Quieren y no quieren, piensan determinada cosa pero no siempre la piensan, se compromete pero en el fondo no se comprometen, etc.

Por otra parte, este patrón indica la presencia de personas que tienen un gran poder de adaptación. Y, en la mayoría de los casos, soñadoras, que se dispersan con una gran facilidad. Muchas veces parece que no le prestan atención a la persona que le está hablando, pero en general, ello se debe a que se encuentran ensimismadas en algún problema que les es difícil de resolver.

Como padres son excepcionales, cariñosos y muy responsables; no importa, en este caso, a qué edad se conviertan en padres, cuando lo hacen manejan el papel en forma responsable. Parece que supieran cómo y qué es ser padres desde antes de nacer.

Otra característica positiva es que son personas con mucha vida interior, y tienen la capacidad natural de sentir empatía por el prójimo. Por ello, en general, son muy buenos psicólogos.

Llegarán a triunfar en la vida, siempre y cuando, logren tener autocontrol y conocimiento de sí mismos.

Una última advertencia: a pesar de todo, de que aparezca también en personas normales y que tengan ciertas cualidades positivas, no hay duda de que este tipo de patrón pertenece a personas difíciles.

Las profesiones preferidas para seres con este tipo de patrón son: la escritura (novelas o ciencia ficción), anticuario, la historia, la producción de videos, el cine, la astronomía, la escultura, la composición musical, la comedia, la magia.

COMO UBICAR Y ESTUDIAR LOS LAZOS EN LAS PALMAS DE LAS MANOS

Más allá del patrón dactilar al que pertenezcan, en las palmas de las manos se encuentran un número considerable de Lazos. Como ya dijimos, éstos se ubican en las bases de los dedos, o yemas, y observar cada uno de ellos abre un universo particular. ¿Por qué? Porque los lazos, dependiendo de dónde se hallen, tienen diversos significados.

Por lo general, en una mano se encuentran uno o dos lazos, de los cuatro principales que se pueden hallar entre las bases de los dedos. La presencia o ausencia de ellos son una fuente de información para el ser humano. Por medio de ellos se puede saber qué carrera puede seguir, o no, una persona, y también averiguar el rasgo más sobresaliente de su personalidad y temperamento. Se verán 11 lazos que pueden encontrarse en la palma de una mano, ellos son:

1- *El lazo del humor*

2- *El lazo del ego*

3- *El lazo del sentido común*

1-El LAZO DEL HUMOR

- Especialistas en disfrutar de la vida
- Comediantes, escritores, supervisores

El Lazo del humor es fácil de encontrar en las personas que hacen uso, y hasta a veces abuso, del sentido del humor en todos los aspectos de sus vidas.

Para quienes lo tienen, el sentido del humor forma una parte muy importante de su personalidad, y no son pocas las veces en las que logran una solución para sus problemas haciendo uso de su sentido del humor. Prefieren un chiste a una agresión, descomprimen una situación haciendo una gracia.

Desde ya que el sentido del humor es una cualidad que ayuda a las personas en todo tipo de ámbitos, laboral, familiar, social, etc. El único riesgo es que se abuse de él y que no lleguen a tomarse en serio ni las cosas que así lo requieren.

Se considera que las profesiones más afines a esta huella dactilar son: la comedia, la escritura, la actuación, el deporte, la supervisión.

Puede suceder que el Lazo que se encuentra en el lugar correspondiente al del humor sea muy pequeño; en este caso significa que la persona cuenta con sentido del humor, lo utiliza en su vida, pero no se va a destacar por ello.

Si hubiera que definir una habilidad o cualidad especial para quienes poseen el Lazo del humor es que, en general, son expertos en el arte de disfrutar de la vida. Si hay algo que saben, eso es divertirse, pasarla bien. Su lema preferido podría ser "la vida es corta, no hay que desperdiciarla".

2- EL LAZO DEL EGO

- Se ríen de sí mismos pero no de los demás
- Asistencia social, cine, historia, periodismo, artesanos

Cuando se encuentra un lazo entre las bases de los dedos mayor el meñique, y se encuentra desplazado hacia un lado, se lo denomina el Lazo del ego.

Las personas que poseen el Lazo del ego tienen también sentido del humor, aunque no reirán con las mismas cosas que los que tienen el Lazo del humor.

Por ejemplo, no les gusta el humor cuando éste es a costa de herir a otras personas; simplemente porque para ellos eso no es diversión. Por lo tanto, no reirán con chistes de origen étnico, ni religioso, ni con chistes groseros, ni de sexo y menos con los que se basan en los defectos ajenos. Es común, también, que a estas personas no les haga gracia el comediante de moda o la película con la cual todos se ríen. Son individuos que poseen un sentido del humor propio, diferente de los demás.

Las profesiones más afines son: la asistencia social, la computación, el cine, las artesanías, el periodismo, la historia.

Cuando alguien tiene el Lazo del ego, significa que posee la característica de trabajar mejor sin jefes ni supervisores, o que se destacaría más y estaría más a gusto en algún trabajo de tipo solitario.

Pero cuando el Lazo del ego es muy grande, quienes lo poseen son personas a las cuales les agrada ser el centro de atención, son los "payasos" de las reuniones. Y sólo en este caso el Lazo del ego deja su característica solitaria, ya que se encuentran mucho más a gusto con gente que estando solos. Eso sí, esas gente que los rodea está para admirarlos.

Si en una mano se ve este Lazo entre el dedo anular y el dedo meñique y es muy chico, significa que lel individuo cuenta con un sentido del humor muy primitivo, disfruta del humor obvio y sencillo, con los payasos, con los golpes y las acciones grotescas.

Una característica muy importante de este tipo de personas, es que tienen la increíble cualidad de saber reírse de sí mismas, y gracias a ello, en general, logran ser felices en la vida.

También en términos generales, se puede decir que, a pesar de su soledad o su egocentrismo, son seres fáciles para convivir y de temperamento tranquilo.

3- EL LAZO
DEL SENTIDO COMUN

. Ideas propias, lógica
. Investigación, ciencias, medicina, caridad

El Lazo del sentido común se encuentra entre la base de los dedos anular y mayor.

Cuando aparece, señala (como su nombre lo indica) una personalidad colmada de sentido común y de lógica.

Por otra parte, quienes tienen este Lazo poseen la habilidad de manejar a las demás personas por medio del uso de los razonamientos lógicos, siempre irrefutables, ya que están colmados de sentido común.

Debe considerarse que cuando el Lazo del sentido común se presenta en una mano buena, es una bendición, ya que el ser tiene las armas necesarias para lograr lo que se proponga en la vida. Pero, cuando el lazo aparece en una mala mano, ¡cuidado! porque puede llegar a transformar a la persona en una verdadera tirana, en un ser totalmente manipulador.

Cuando el Lazo del sentido común es demasiado grande, significa que quien lo presenta sabe lo que quiere, posee ideas propias, pero éstas se encuentran tan fuertemente arraigadas que les es muy difícil cambiar de parecer.

En general, cuando el Lazo del sentido común hace su aparición, es porque está señalando que la persona posee la capacidad de verse tal cual es, sin falsos velos. Y algo mejor aún, porque si no le gusta lo que ve, contará con la enorme capacidad de cambiar los rasgos no queridos de su personalidad.

En general, también este tipo de personas son de las que se encuentran continuamente estudiando diferentes cosas, o haciendo cursos de diversas materias.

Las profesiones más frecuentes son: la medicina, la asistencia social, la investigación médica, las organizaciones de caridad, la enfermería, las ciencias, la emergencia médica, policía, bombero.

El Lazo del sentido común es bastante difícil de encontrar, ya que como dice el refrán, *"el sentido común es el menos común de los sentidos"*. Pero cuando nos encontramos con alguien con este lazo es un verdadero placer, ya que en cualquier conversación, por más trivial que sea, sacará a relucir su lógica, tal vez la característica más llamativa de su personalidad.

Una última observación: cuando en una mano aparecen conjuntamente el lazo del humor y el Lazo del sentido común, significa que la persona en cuestión es centrada, y que parte de su vida estará consagrada a lograr la paz. Se puede decir que estas personas, se encuentran entre las elegidas para ser felices.

4- EL LAZO REAL

. *Personalidad muy fuerte, caridad*
. *Abogacía, justicia, actuación, caridad*

El Lazo real se encuentra entre la base de los dedos mayor e índice. Este es un lazo que se presenta en muy contadas ocasiones.

Antiguamente se consideraba que el Lazo real pertenecía únicamente a los reyes, o por lo menos a quienes pertenecían a casas reales. Luego de varios años se descubrió que ello no tenía ninguna relación con la lógica, ya que la condición de rey no es una condición que se puede transferir por medio de la sangre.

En años posteriores se llegó a la conclusión de que el Lazo real, era un signo propio de las personas con problemas mentales; este pensamiento se debió a que es un patrón que se encuentra habitualmente entre los pacientes de los hospitales mentales. Pero obviamente esta teoría también fue refutada.

Lo que se cree en la actualidad es que este tipo de patrón, si bien no tiene que indicar una anormalidad, por lo menos pertenece a personas con cierta anomalía en sus cromosomas. Veremos si con los años también se refuta esta teoría.

En cuanto a la personalidad, en general el Lazo real pertenece a individuos que poseen una personalidad muy fuerte, se podría decir que casi arrolladora; y es por ello que antiguamente se lo consideraba una característica tan especial.

Pero hay en ellos otro rasgo muy sobresaliente, que los hace más especiales aún, y que no tiene que ver con su capacidad de llevarse el mundo por delante: es su gran poder caritativo.

Las profesiones indicadas para este tipo de personas son: la actuación, la abogacía o la justicia, la polémica, la especialización en problemas legales juveniles.

5- EL LAZO CUBITAL

. Amantes de la naturaleza
. Veterinaria, paisajismo, agronomía, fotografía

Para encontrar el Lazo cubital dentro de la palma de la mano, hay que buscar específicamente en su borde, por debajo del dedo meñique.

Cuando este lazo aparece, significa que la persona posee un problema de origen genético de alguna clase. El Lazo cubital, se halló en personas con Síndrome de Down y también con problemas de malformación ósea. Pero a no alarmarse, porque el patrón genético que está indicando no necesariamente tiene que ser de una connotación tan importante. Lo que está advirtiendo es sobre alguna particularidad genética de ese individuo que está frente a nosotros.

Algunos autores consideran que las personas que presentan este lazo poseen problemas en su ADN. Nosotros no somos de ninguna manera tan terminantes.

En cuanto a rasgos de la personalidad, es común hallar el Lazo cubital en aquellas personas que aman la naturaleza, y a los animales en especial. Quienes lo presentan eligen vivir fuera de las grandes ciudades, y, en la medida de sus posibilidades, en estrecho contacto con la naturaleza.

Las profesiones más preferidas por este tipo de personas son: la veterinaria, las ciencias agrónomas, la fotografía, el entrenamiento y adiestramiento de animales, la jardinería, el paisajismo, la pintura.

6- EL LAZO DE LA MEMORIA

. Define la memoria selectiva de la persona

¿Cómo encontrar el Lazo de la memoria en la palma de una mano? Siguiendo la línea de la cabeza, ya que este lazo recorre la mano en forma paralela a esta línea.

El Lazo de la memoria es el que puede poseer dimensiones más grandes entre todos los hallables en una mano.

El Lazo de la memoria, como su nombre lo indica, nos habla de la capacidad de la memoria que posee una persona determinada. Pero como la humana es selectiva (gracias a Dios, y a si uno así lo desea), por medio de este lazo se puede saber, también, que cosas son las que atraen su mayor interés y que han sido las escogidas para albergar en su memoria.

Veamos cómo cambia el la calidad, intensidad, e interés de la memoria de acuerdo con el recorrido de este lazo.

a. Memoria fotográfica

Cuando el Lazo de la memoria aparece en forma completa en la mano (ver dibujo anterior), significa que la persona posee una memoria fotográfica, se podría decir que es una memoria casi perfecta: recuerda absolutamente todo lo que le sucede, todo lo que hace, todo lo que lee, todo lo que escucha. Y lo recuerda al mínimo detalle. Tienen una memoria con una capacidad impresionante; no selecciona lo que quiere memorizar de lo que no, almacena toda la información que le llega.

b. Archivo de datos

Cuando el Lazo de la memoria recorre la palma de la mano atravesándola en forma casi recta, corresponde a las personas que poseen memoria para recordar hechos e información recibida, en general son "archivos de datos". Son ese tipo de persona que puede recordar el nacimiento de todos los hijos de sus amigos, los números de teléfono menos pensados, las chapas de los autos, las direcciones, quien era el protagonista de una serie de televisión que dieron hace veinte años, etc. La información general se almacena en la memoria de estas personas sin grandes inconvenientes.

• **Las profesiones elegidas son:** la historia, las matemáticas, la escritura, el magisterio, la arqueología, la antropología, las ciencias, las ventas.

c. Memoria sensitiva

Cuando el Lazo de la memoria se inclina hacia abajo formando un pequeño ángulo, y se dirige hacia el borde inferior de la palma de la mano, significa que la persona tiene una muy buena memoria para recordar las caras, las voces y los nombres. En este caso, también poseen muy buena capacidad de memoria para albergar las experiencias vividas, así como toda clase de información que llegue hasta ellos. Digamos que su memoria es más sensitiva, tiene más que ver con los sentimientos y sensaciones que con la información útil. Es por ello que quienes presentan el Lazo de la memoria con esta característica, tienen mucha dificultad para recordar un número. Son el típico caso que recuerdan un aniversario cuando llegan a casa y encuentran los candelabros encendidos.

• **Las profesiones preferidas por este grupo de personas son:**
la escritura, la fotografía, el periodismo, el magisterio, la psicología, el arte, piloto de avión, los bienes raíces.

d. Memoria sensorial

Cuando el Lazo de la memoria forma un ángulo muy pronunciado hacia abajo dirigiéndose a la parte inferior de la mano, significa que la persona tiene una gran memoria para evocar recuerdos basándose en el revivir de las sensaciones, olores, colores, sabores, sonidos, recuerdan desde el olor de sus seres queridos, hasta el color de una prenda de cuando eran muy pequeños. Son individuos que pueden estar cenando en un restaurante y sorprenderse al reconocer el sabor de alguna comida exótica que quedó perdida en el tiempo. Pero sin dudas el mayor instrumento con el que cuentan, es el oído. Quienes tienen este lazo en su mano tienen un excelente oído musical, y también es por este medio que logran transportarse en su memoria hacia el pasado y de esta manera recordar aquellos hechos acontecidos tiempo atrás y que creían absolutamente olvidados.

• **Las profesiones preferidas por estas personas son:** la música, la canción, el arte, el control de calidad, la historia, la curación de museo, la decoración de interiores.

En los casos de las manos en las cuales no se encuentre el Lazo de la memoria no significa, de ninguna manera, que la persona no posea memoria. Pero sí está advirtiendo sobre que no tiene una capacidad muy grande para retener los datos tanto tiempo como a ella le gustaría.

Las personas que tienen este lazo son esa clase de individuos que se cruzan con alguien, lo miran, lo saludan, recuerdan perfectamente su cara, pero no tienen ni la menor idea de quién es o de dónde lo conocen y, mucho menos, del nombre que acompaña esa cara.

¡Pero atención! No le eche la culpa al Lazo de la memoria si usted cada día siente que se olvida de más cosas. La capacidad de la memoria va disminuyendo con el paso de los años; se puede decir que en la mayoría de las personas la memoria empieza a decaer a partir de los 55 años, y esto forma parte de un proceso natural del envejecimiento. Existen hoy en día varias terapias y medicamentos que resultan exitosos a la hora de recuperar la capacidad de la memoria, o por lo menos de retardar su pérdida. Pero para eso hay que consultar al médico y no las líneas de las manos, por supuesto. Por otra parte, y si se nos permite el atrevimiento de un último consejo, también es importante lograr una buena alimentación, equilibrada y con una buena ingesta diaria de magnesio.

7- EL LAZO DE LA INSPIRACION

. *Musa inspiradora*
. *Pintura, música, literatura*

El Lazo de la inspiración debe buscarse en la palma de la mano en el límite con la muñeca, por debajo del dedo meñique. Es muy poco común.

El Lazo de la inspiración, como su nombre lo indica, otorga a la persona la capacidad de inspirarse. Es como una musa que atrae la inspiración, pero ésta se logra a través de elementos o situaciones que son totalmente particulares para cada individuo. Hay quienes logran la inspiración a través de una canción, otros por la voz de un cantante en particular, hay quienes se inspiran en un paisaje, en un recuerdo o en una mujer (u hombre). Otras veces la inspiración sobreviene a una poesía, o a una lectura en especial. Pero hay algo que es seguro, quien tiene este lazo encontrará ese mágico disparador que le hará surgir maravillas de su interior.

Las personas que poseen el Lazo de la inspiración son, en general, artistas. Puede que sean pintores o músicos, o escritores pero el arte será una parte fundamental en su vida. Es que la inspiración los asaltará sin que la llamen y el arte es una magnífica actividad donde canalizarla.

Más allá de lo explicado anteriormente, el Lazo de la inspiración es un signo que se considera de suerte, ya que cuando se presenta favorece al individuo que lo posee en todos los aspectos de la vida en general.

Quienes poseen este lazo tienen una gran ventaja sobre los demás, ya que en su caso la parte emocional trabaja en forma conjunta con la intelectual, lo que hace una perfecta combinación.

• **Las profesiones más comunes en este caso son:** la música, la pintura, la curación de arte, la poesía, la escritura, el magisterio, el entrenamiento de deportes, la política.

8- EL LAZO MUSICAL O RITMICO

. Capacidad musical y rítmica
. Deporte, coreografía, composición musical, actuación

¿Dónde hallar el Lazo musical? Se encuentra en la palma de la mano, en el límite con la muñeca, por debajo del dedo pulgar, al lado del lazo de la inspiración.

Cuando en una mano aparece este lazo, significa que la persona tiene una gran capacidad sensitiva para la música, y también que posee mucho ritmo.

Pero para quienes lo tienen no solamente aporta ritmo en lo relacionado con la música sino que, también, es muy importante para los deportes, donde se necesita de movimientos armónicos y capacidad para poder manejar los tiempos.

Si este lazo no se observa fácilmente en la mano, se debe bajar el dedo Indice hasta el borde externo del dedo Pulgar, si se siente una protuberancia justo por debajo de éste último, significa que existe un agrandamiento de este nudillo, con lo cual se deduce que existe el Lazo de la música, no importa cuan pequeño sea éste. La presencia de dicha protuberancia en el dedo pulgar indica, también, que la persona posee un temperamento muy fuerte. Quienes tienen este tipo de mano pueden montar en cólera con una velocidad asombrosa.

Dadas las aptitudes rítmicas que confiere este lazo, quienes lo presentan poseen una gracia muy especial en sus movimientos, parecen gacelas, que se mueven como si estuvieran siguiendo una música que sólo ellos escuchan.

• **Las profesiones preferidas por este tipo de personas son:** los deportes, la danza, la coreografía, la música, la composición, el atletismo, el entrenamiento de atletismo, la actuación.

9- EL LAZO DE LA RESPUESTA
(o de la susceptibilidad)

· *Gran sensibilidad a lo que lo rodea, claustrofobia*
· *Magisterio, psicología, medicina alternativa, trabajo social*

El Lazo de la respuesta se encuentra en la palma de la mano, en el borde inferior de ésta, por debajo del dedo pulgar, en el monte de Venus. Es muy difícil de encontrar, ya que solamente un 4% de la población lo posee.

Cuando el Lazo de la respuesta está en una mano, significa que quien lo posee es muy sensible a lo que lo rodea, a su entorno, entendiéndose por entorno lo que está cerca de él y lo puede influir, ya sean personas, objetos, o circunstancias. Esta gente funciona cómo espejo de la mirada de los demás, todo lo que digan de ellos les afecta, no importa quién lo diga, y bajo qué circunstancia. Pero también lle impresiona el clima, la humedad, un ruido, una pesadilla, un recuerdo, etc.

Justamente por lo descripto, las personas que poseen este lazo tienen una personalidad muy cambiante. ¡Quién no lo sería si todo el medio externo tiene efecto sobre él e influye sobre sus estados de humor! Por esta modalidad de cambiar se dice que quienes presentan este lazo tienen la capacidad del camaleón, ya que cuando se encuentran con gente positiva se tornan positivos, y cuando están en compañía de gente negativa ellos también se tornan negativos. Por ello es tan importante para ellos estar siempre con gente que sea positiva, tanto en el ámbito social como laboral, ya que esa cercanía hará que aflore lo mejor de sí mismos, y de esa manera podrán alcanzar los logros tan soñados. En cambio, si se encuentran rodeados de perdedores, o de personas depresivas, los arrastrarán con ellos hacia el fondo mismo del abismo. Quienes tienen este lazo deben estar muy atentos a esta característica a la que están expuestos y elegir más que nadie sus compañías; no se trata de ser egoísta y huir de las personas que tienen ciertos rasgos negativos, sino de preservarse a sí mismos. Además su esfuerzo sería inútil, ya que quienes tienen este lazo no están en condiciones de ayudarlos.

Cuando no se puede observar a simple vista el Lazo de la respuesta, se debe palpar el área en busca de una protuberancia. Si se encuentra la mencionada protuberancia se considera que existe el Lazo de la respuesta.

Un detalle más para las personas incluidas en este grupo: por lo general, padecen de claustrofobia, por lo cual aborrecen los lugares donde se sientan encerrados. Seguramente odiarán estar en un avión, en ascensores, en submarinos, o, sin llegar a encontrarse en lugares sofisticados, tan sólo odiarán permanecer mucho tiempo encerrado en un mismo lugar sin salir al exterior. También en muchos casos la oscuridad los enloquece.

Pero no todo lo relacionado con el Lazo de la respuesta o de la susceptibilidad es malo. Es muy útil para quienes trabajan en contacto con la gente o que necesitan sentir la respuesta del público, ya que teniendo este tipo de lazo cuentan con la sensibilidad requerida para saber lo que siente, o piensa, una persona sin la necesidad de que ella lo diga. En general, saben más cosas de la gente que la mayoría, es como si tuvieran un tercer ojo por donde logran meterse dentro de la mente de quien está frente a ellos. Es por este motivo que deben aprender a tolerar que los demás no piensen lo mismo que ellos, ya que aunque quien tengan enfrente traten de contemporizar y darles la razón, ellos saben muy bien qué es lo que piensan en realidad.

Su gran defecto es obvio de deducir y de allí el nombre que a nosotros nos parece más representativo de este lazo: su gran susceptibilidad.

Las profesiones preferidas por este grupo de personas son: la psicología, el magisterio, la comedia, la escritura (novelas, biografías), los trabajos sociales, la composición de canciones, la medicina alternativa.

10- EL LAZO DEL CORAJE

- Valentía
- Bomberos, paramédicos, policías

El Lazo del coraje hay que buscarlo en la palma de la mano, en el borde de la misma, por arriba del dedo pulgar. Por si a algún machista se le ocurre lo contrario, este es un lazo que se encuentra tanto en las manos femeninas como en las masculinas.

Como su nombre lo indica, este es el lazo que demuestra el coraje de una persona, su valentía para enfrentar las pruebas que le presenta la vida. Pero atención, el verdadero coraje no significa no tener miedo, sino que teniéndolo la persona no se vea impedida de actuar.

Esta capacidad que tienen las personas que poseen el Lazo del coraje para afrontar situaciones en la vida, esta característica de que no dudan un minuto en afrontar un peligro cuando se trata de salvar la vida de un ser humano, las convierte en seres muy valiosos. Es por ello que este lazo se encuentra tan frecuentemente en las manos de los bomberos, paramédicos, policías, brigadistas de rescate, etc.

• **Sus profesiones preferidas son:** paramédicos, miembros de equipos de rescate, bomberos, agentes de lucha contra la droga, enfermeras o doctores en emergencias.

Aunque muchos poseen el Lazo del coraje no optaron, ni optarán, por este tipo de profesiones de alto riesgo, siempre se encontrará en ellos esta característica de heroísmo, así sea para rescatar a un gato de un árbol, o detenerse ante un choque en una carretera para socorrer a los automovilistas accidentados.

11- EL LAZO HUMANITARIO

. Idealistas
. Magisterio, periodismo, política

El Lazo humanitario, se encuentra en la palma de la mano, entre la línea de la Vida y la línea del Destino.

Son quienes dedican su vida a la humanidad, en general son personas que se congregan en grupos de ayuda, tales como la Unicef, o Greenpeace.

En general son muy idealistas, que quieren lo mejor, y creen que lo pueden llegar a lograr. Pero, muchas veces, suelen deprimirse cuando llegan a adultos y se dan cuenta de que gran parte de las cosas que idealizaron en su juventud o en su niñez, no son de ese modo. Y hay algo peor: tienden a idealizar a las personas del mismo modo que a las cosas, lo que les acarrea grandes desilusiones en sus vidas. La naturaleza principal de este tipo de seres, es que buscan siempre la parte buena de la gente, tratando de no ver la parte mala. Y esta característica, si bien habla bien de ellos, los lleva irremediablemente, a continuas desilusiones.

Cuando el Lazo humanitario estáen una mano buena, donde las otras características de la personalidad que se encuentran indicadas son fuertes y están bien balanceadas, entonces será un ser idealista, que luchará con métodos propios por lograr la paz mundial y el bienestar general para sus semejantes.

En cambio la cosa cambia radicalmente cuando este lazo se encuentra en una mano mala, débil, indica una personalidad repleta de cinismo, que se encuentra totalmente descreído de la naturaleza humana.

- **Las profesiones más frecuentemente seguidas por ellos son:** la psicología, el magisterio, el periodismo, la consultoría de jurisprudencia, los cargos ejecutivos dentro de la política.

LAS IMPRESIONES DE LAS MANOS

En el caso de las huellas dactilares y el estudio de los diferentes lazos, no alcanza con la observación simple planteada para observar una mano bajo los preceptos de la Quiromancia (aunque se utilicen elementos de ayuda como lupa u otros). Para poder realizar a conciencia los estudios anteriormente descriptos, es importante tomar una impresión de la mano. Lamentablemente es esta la única forma en la que se puede trabajar seriamente y con detenimiento.

Las líneas de las yemas de los dedos se pueden ver a simple vista, pero podrán observarse en forma más nítida, estudiarse en forma más minuciosa, cuando éstas se encuentran impresas. Para poder tomar una correcta impresión de la mano de una persona, es necesario contar con:

1- Tinta para impresiones

La más adecuada es la que utiliza la policía para tomar las huellas digitales en todos los países del mundo. Esta tinta es fácil de hallar, ya que se vende en los negocios de productos para imprenta. El mejor color es el negro, pero si no podrá ser de cualquier otro color oscuro.

2- Rodillo

El rodillo que se necesita es de unos diez centímetros de ancho, y va a ser utilizado para esparcir la tinta sobre las manos. Se puede adquirir en el mismo establecimiento que la tinta.

3- Hoja de papel blanco satinado

El papel puede ser satinado o glaseado, pero debe ser blanco.

4- Alfombrilla de goma

Este elemento se puede conseguir en cualquier ferretería. Es muy importante, ya que posibilita que salgan impresas las líneas más finas. También puede servir, en el caso que se prefiera no comprar este elemento, varias revistas apiladas de forma tal que sirva de superficie mullida.

5- Vidrio pequeño

Este pedazo de vidrio servirá para emparejar la tinta del rodillo. Puede usarse, también, un trozo de fórmica, o un acrílico, ya que lo que se necesita es un material que no sea poroso.

Una vez que reúna todos los elementos necesarios para la impresión de las manos, deberá colocarlos sobre una mesa de trabajo. Seguidamente, deberá colocar la hoja de papel por sobre la almohadilla de goma, o en su defecto por sobre las revistas. El siguiente paso será entintar el rodillo.

Para sacar el excedente de tinta y que no quede desparejo, deberá pasar el rodillo por el vidrio o fórmica, haciéndolo deslizar.

A continuación, deberá pedirle a la persona que se está prestando para esta operación, que coloque las palmas de las manos hacia arriba, y proceda a entintar sus manos. Una vez que estás se encuentren correctamente entintadas, colóquelas, una primero y luego la otra, sobre el papel blanco. Presione la palma de la mano de quien está sometiéndose a este procedimiento sobre el papel, en los distintos lugares de la palma y dedos que considere necesarios para una buena impresión. No deje que la persona arquee o forme huecos que luego impidan una lectura correcta.

Una vez que las manos se encuentren impresas se deberá retirar el papel. Para esto, comience por el lado de los dedos.

Luego, la persona deberá lavar sus manos con algún producto apropiado para estos menesteres.

DICCIONARIO

ANGULO DE GENEROSIDAD

Se forma, cuando la mano se encuentra extendida, entre el dedo pulgar y la palma de la mano. Cuanto más amplio es, más generosa será la persona. Cuando es pequeño, significa egoísmo.

ANGULO DE LA SUERTE

Es el ángulo que se forma en el comienzo de la línea de la Cabeza y de la línea de la Vida. Cuanto más amplio sea este ángulo, mayor suerte tendrá la persona que lo tenga.

ANILLO DE SALOMON

Es una línea con forma de semicírculo que se encuentra en algunas manos. El Anillo de Salomón nace entre el dedo índice y el dedo mayor, y termina en la base de la mano, por arriba del pulgar. Cuando aparece en una mano significa grandes capacidades místicas y espirituales. Es el signo de personas consagradas a la fe.

ANILLO DE SATURNO

Es una línea con forma de semicírculo que parte de la base de los dedos, entre el Indice y el dedo mayor, y recorre la mano hasta llegar a la base, entre el mayor y el dedo anular. Esta línea se puede encontrar entera o cortada. Es un signo que denota limitaciones por parte del sujeto y se pueden presentar en el plano laboral o personal.

BRAZALETES

Son unas líneas que aparecen en el final de la mano, cuando se une al brazo. Los Brazaletes pueden ser tres líneas, dos líneas o hasta una sola línea. Se lo considera un signo de suerte y cuanto más líneas se encuentren en una mano, mayor suerte tendrá el sujeto en cuestión. Algunos autores lo consideran también un signo a través del cual se puede vislumbrar cuántos años vivirá una persona.

CADENA

Es un signo que puede hallarse en la palma de la mano. Una cadena se forma cuando hay más de dos círculos juntos en un mismo lugar. La cadena es signo de debilidad o de demasiado entusiasmo, volcado en la línea en particular donde aparece la cadena. Cuando la línea de la Vida comienza con una cadena, significa que la persona tuvo una infancia con problemas de salud. Cuando aparece una cadena en la línea de la Cabeza, indica que tiene problemas de ansiedad. Si está en la línea del Corazón, que puede padecer dificultades emocionales.

CADENA DEL PULGAR

Es una cadena o encuentro de círculos que se presenta en el dedo pulgar. En este caso la cadena rodea al dedo con un conjunto de círculos. Este signo denota una personalidad obstinada que no acepta las ideas de los demás o dar el brazo a torcer.

CINTURON DE VENUS

Es una línea en forma de semicírculo que, en algunos casos, puede encontrarse en la base de los dedos. Este cinturón nace entre el dedo índice y el dedo mayor, y termina entre el dedo anular y el Meñique. Este signo tiene una estrecha relación con el amor y la sexualidad.

CIRCULO

Es una de las principales marcas que suelen aparecer en la palma de la mano. Se lo considera un mal signo, ya que cuando aparece sugiere restricciones. Cuando hay un círculo en una línea se lo considera una isla, lo que es signo de infortunio.

CORTE

Cuando una línea se interrumpe, y vuelve a empezar más adelante se lo llama corte. Significa que la persona atravesará por una crisis. Cuando en una línea se encuentran muchos cortes, es que la persona pasará por una situación desafortunada, concerniente a la línea en especial. Por ejemplo, varios cortes en el Cinturón de Venus, significa que tendrá una gran cantidad de relaciones sentimentales a lo largo de su vida.

CRUZ

Es una de las marcas que se pueden encontrar en las palmas de las manos. La cruz no es un buen signo, y dependiendo dónde se encuentre será el significado que ella tenga. Está formada por dos pequeñas líneas, una de forma vertical y la otra horizontal, cuando se cortan forman la cruz. Hay dos importantes que pueden aparecer en una mano, la Cruz de la Batalla y la Cruz Mística. Ambas se ubican en el monte de Marte.

CRUZ DE LA BATALLA

Esta marca se encuentra en el medio de la palma de la mano, dentro del triángulo que forman la línea de la Vida, la de la Cabeza y la de la Salud. Antiguamente se consideraba que la Cruz de la Batalla aparecía en aquellas manos pertenecientes a personas que luego morirían en la guerra. Hoy en día la Cruz de la Batalla, es un signo que se atribuye a quienes tienen un fuerte ideal en la vida y se dedican a él. Es una marca necesaria para que una persona llegue a ser un empresario exitoso.

CRUZ MISTICA

Es una marca particular que puede encontrarse en la palma de la mano, se ubica en el Cuadrángulo, el espacio que queda delimitado por la línea de la línea de la Cabeza y la del Corazón. La Cruz Mística indica que se posee una gran capacidad espiritual. Las personas a las cuales se las denomina "psíquicas", poseen esta Cruz.

CUADRADO

Es una de las marcas que pueden encontrarse en la palma de una mano. Es un buen signo, se lo considera de protección.

CUADRANGULO

Es un signo que suele aparecer en el centro de la palma de la mano, y es el plano que queda delimitado entre la línea de la Cabeza y la línea del Corazón. En el Cuadrángulo puede encontrarse la Cruz Mística.

DEDO DE APOLO

Es el dedo anular, el cuarto de la mano. Se relaciona con el monte del Sol, y con el área de la vida que rige el Astro Rey: el arte y el éxito. También con el amor.

DEDO DE JUPITER

Es el segundo, de la mano, y al que se lo conoce más comúnmente con el nombre de dedo índice. Indica la posición de la persona en la vida, si es optimista, o no, el bienestar, la abundancia. El dedo de Júpiter, se corresponde con el monte de Júpiter; y por consiguiente, con las áreas que rigen este planeta: posición en la vida y autoridad.

DEDO DE MERCURIO

Es el dedo meñique, el más pequeño de la mano. Se relaciona con el monte de Mercurio, y rige los esfuerzos prácticos que realiza una persona en la vida. Y con la sabiduría.

DEDO DE SATURNO

Es el tercer dedo de la mano, dedo más comúnmente conocido como mayor. Se relaciona, en Quiromancia, con la vocación, el trabajo, la ocupación y las restricciones que puede tener un ser humano. En la base del dedo de Saturno se encuentra el monte de Saturno. El dedo mayor, al relacionarse con el monte de Saturno, afecta el ámbito de la vida que este planeta rige: servicio y vocación.

DEDO DE VENUS

Es el pulgar, denominado dedo de Venus. Y rige lo relacionado con los sentimientos, el amor y la sexualidad.

ESTIGMA MEDICO

Es el signo que aparece en la mano, cuando una persona se va a dedicar a la medicina. Son unas líneas verticales pequeñas, que se encuentran en el monte de Mercurio.

ESTRELLA

Es un signo de buena suerte. Depende de dónde se ubique será el significado que ella tenga. La Estrella, para que se la considere tal, en Quiromancia, debe tener por lo menos cinco puntas. En el único lugar donde es un mal signo, es en la línea de la Vida.

FALANGES

Son las secciones en que están divididos los dedos. Cada falange, se une a la siguiente por medio de una articulación, a la cual se la denomina nudillo. La primera se denomina falange ungulada, ya que es donde se sitúa la uña. La segunda es la falange del medio; y por último la tercera es la que se une al monte correspondiente con el dedo. Se considera que la falange ungulada tiene relación con el intelecto de la persona; la segunda, con la parte práctica del ser humano; y la tercera, con los instintos del individuo. En cuanto al dedo pulgar, la primera o falange ungulada, se vincula con la voluntad; la segunda, con la lógica; y la tercera falange, con el amor.

FIRMEZA

Es una cualidad muy importante para la Quiromancia. Se estudia la firmeza de los montes y es una característica que indica la proximidad que tiene una persona con el área de la vida relativa al monte en cuestión. Es importante considerar la firmeza de la mano entera.

FLEXIBILIDAD

Es una característica muy tomada en cuenta en la Quiromancia. Una mano puede ser rígida o flexible, al igual que el dedo Pulgar; y que el resto de los dedos. Se considera que la flexibilidad, es una virtud en una mano. Cuando ésta, o un dedo es rígido significa que la persona es egoísta, tacaña, difícil de convivir. Cuando es flexible, se es generoso, abierto de mente y fácil de convivir.

FORMA

Las manos pueden tener diversas formas. De acuerdo a la que adoptan se clasifican en cuadradas, en forma de Punta, Espatuladas, Cónicas, Mixtas. Cuando se leen las manos se comienza por observar la forma que éstas tienen. Cada forma corresponde con una característica diferente de la personalidad. Los dedos también tienen diversas formas y la clasificación de acuerdo a su morfología es idéntica a la de las formas de las manos.

GENEROSIDAD

Es una cualidad del ser humano que se puede vislumbrar en

diferentes puntos de la mano. El principal interés en éste caso es el denominado Angulo de la Generosidad. El Angulo de la Generosidad se forma cuando nacen la línea de la Vida y la línea de la Cabeza. Dependiendo del tamaño del ángulo que dichas líneas formen, será la capacidad de generosidad que tenga el sujeto. Otras características importantes en éste caso son que la mano sea flexible, y que el dedo Pulgar, además de ser flexible, esté suficientemente alejado de la mano.

GRILLA

Es un signo que puede hallarse en la palma de la mano. Esta se conforma por una serie de líneas que se entrecruzan entre sí. La grilla advierte que la persona tendrá problemas, pero éstos rendrán solución.

HORQUILLA

Es una línea que puede nacer en forma de horquilla o terminar en esta forma. Cuando se encuentra una horquilla en una línea, y sin embargo la línea continúa bien marcada por la mano, es un buen signo. Si hay una horquilla en una línea, y ésta se corta formando de esta manera una isla, entonces es considerado un mal signo, ya que denota que la persona atravesará por un período de crisis, que tendrá que ver con el área de la vida con la que tenga relación la línea afectada por la horquilla en cuestión.

HUELLAS DACTILARES

Son las huellas que dejan las yemas de los dedos. Las huellas dactilares son únicas y difieren en las palmas de cada persona. No hay dos individuos con huellas idénticas.

INCLINACION

La inclinación de los dedos es una característica muy importante a tomar en cuenta al observarlos. En Quiromancia se considera que lo ideal es que los dedos sean rectos, que no tengan inclinación alguna. Cuando uno se inclina hacia el siguiente, denota dependencia de un dedo con el otro. Según sea el aspecto de la vida que rija el dedo al cual se incline, será el significado que tenga esta inclinación.

ISLA

Es un signo fácil de hallar en la palma de la mano. No es un buen rasgo, ya que cuando éste aparece significa que hay problemas en el área relacionada con el lugar en especial en el que se encuentra.

LARGO

La longitud de los dedos es una característica muy importante a tener en cuenta. Se considera que una persona posee dedos largos cuando el dedo más largo de la mano, en general el dedo mayor, es igual o más largo, que la palma de la mano. El dedo pulgar es considerado largo cuando al unirlo al resto de la mano, alcanza el segundo nudillo del dedo índice. También se debe observar la longitud de las diferentes falanges de los dedos y las uñas.

LAZO

Es uno de los tres patrones principales de las huellas dactilares y se lo considera el más común entre los seres humanos. Existen además determinados lazos particulares que pueden hallarse en la palma de una mano y que rigen distintos aspectos de la vida de una persona.

LECTURA

En Quiromancia, es la interpretación de las líneas de las manos y sus signos. En otra ciencias ocultas también se usa este término relacionado con la adivinación: la lectura de la borra del café, de las cartas. La persona que lee las manos de un individuo está en realidad interpretando la vida de este individuo, con su pasado y su futuro, valiéndose de un instrumento muy valioso: el mapa transcripto en esas manos.

LETRA "M"

Es un signo que se puede encontrar en la palma de una mano y se denomina también la "M" Mágica, quequeda dibujada cuando la línea del Destino cruza a la línea de la Vida, a la línea de la Cabeza y a la línea del Corazón. En general, denota dinero, en el caso de que su poseedor sea un hombre y matrimonio, si su dueña es una mujer.

LINEAS

Son unas rayas marcadas en las palmas de las manos. Existe una gran cantidad de líneas pero las más sobresalientes se pueden clasificar en dos grandes grupos, que se denominan líneas principales y líneas menores. Las líneas principales de las manos son: la línea de la Vida, de la Cabeza, del Corazón, la línea del Destino, línea de la Fama y línea de la Salud. Las líneas menores de la mano son: los Brazaletes, la línea Lasciva, la línea de la Intuición, el Cinturón de Venus, la línea del Matrimonio, la línea de los Viajes.

LINEA CEFALICA

Es la línea Lasciva, o también llamada Vía Láctea. Se la considera melliza o doble de la línea de la Salud porque, cuando existe, la línea Cefálica corre paralela a ella (Ver Líneas Dobles). La línea Cefálica corre por la palma de la mano del lado más externo de la palma. Se considera que la línea Cefálica, es signo de que la persona tiene una gran energía, usa esa energía, básicamente, para ganar dinero, pero para gastarlo también. La línea Cefálica denota, además, una gran capacidad sexual de quien la lleva trazada en su mano. Otro aspecto que marca es una tendencia a la extravagancia y la abundancia.

LINEAS DE INFLUENCIA

Son las que nacen en el monte de Venus, y se dirigen hacia los diferentes montes, cruzando la línea de la Vida, la línea de la Cabeza y, a veces, la línea del Corazón. Según adonde se dirija cada línea, será el significado que ella tenga. (Ver Rayos de Influencia).

LINEA DE LA CABEZA

Es una de las principales de la mano. Esta es la línea que se encuentra en el medio de la palma de la mano, entre la línea de la Vida y la línea del Corazón. Nace en el borde de la palma de la mano, entre el dedo índice y el dedo pulgar, y recorre la mano, en general, en forma recta. La línea de la Cabeza manifiesta las características relacionadas con la mente. En general, no es una línea que llega hasta el otro borde de la mano, suele cortarse a la altura del dedo Mayor, o del dedo anular.

LINEA DE LA FAMA

Es una de las principales de la mano. Esta línea es también llamada línea de Apolo o línea de la Fortuna. Recorre la mano en forma vertical, desde el monte de la Luna, hacia el dedo anular. Es una línea que, como su nombre lo indica, cuando aparece en una mano vaticina que la persona en cuestión goza o gozará de fama en la vida. Será alguien conocida públicamente, que estará permanentemente en los medios de comunicación.

LINEA DE LA FAMILIA

Es una línea doble de la línea de la Vida. Indica que la persona que la lleva en su mano va a estar muy influida por la familia, más tarde o más temprano, dependiendo el "cuándo" de en que parte de la línea de la Vida aparezca la mencionada línea de la Familia.

LINEA DE LA FORTUNA

Ver línea de la Fama.

LINEA DE LA SALUD

Puede o no aparecer en la palma de la mano. Es también conocida con el nombre de línea de Apolo, línea Hepática, o línea de Negocios. Tiene relación con la abundancia material que una persona puede llegar a tener en la vida. Contrariamente a lo que algunos suponen, cuando esta línea no se encuentra en una mano es signo de buena salud (pero de probable escasez monetaria en la vida de esa persona).

LINEA DE LA VIDA

Es una de las principales de la mano. La línea de la Vida, nace en el borde de la mano, entre el dedo pulgar y el dedo índice; y recorre toda la mano, en forma descendente, hasta el extremo inferior de la mano. La característica más sobresaliente que posee, esta línea, es que existe en todas las manos de los seres humanos. Esta línea es la primera de las líneas que se estudia en Quiromancia. Es buen signo que sea larga, que se encuentre profundamente marcada, y que no posea malos signos.

LINEA DEL CORAZON

Es una de las principales de la mano. Es la línea que se encuentra trazada más arriba en la palma de la mano, entre la base de los dedos y la línea de la Cabeza, está relacionada con los sentimientos, y denota la capacidad de dar y recibir amor con la que cuenta la persona observada. La línea del Corazón es una línea que recorre la mano, desde la base de los dedos, hasta el borde de la mano. En general es una línea con una cierta curvatura. En algunas ocasiones no se encuentra, en ese caso se considera que está fundida con la línea de la Cabeza. Si se da esta última situación, significa que la cabeza regirá la vida de esa persona.

LINEA DEL DESTINO

Nace en la base de la mano y llega hasta el dedo mayor o dedo de Saturno, por ello esta línea es llamada muchas veces, línea de Saturno. Puede ser que no se encuentre en una mano. La línea del Destino indica el impacto que la sociedad y el mundo exterior ejercen sobre la persona observada.

LINEA DE LA INTUICION

Es también denominada línea de la Luna. Su trazado de esta línea es curvado, comienza en la zona externa de la mano, en el monte de la Luna y asciende por la palma hasta llegar al extremo superior de la mano, por debajo del dedo meñique. Es probable que cruce la línea de la Salud. La línea de la Intuición es una línea difícil de encontrar, y cuando aparece significa que la persona en cuestión tiene una intuición por encima de la media del resto de la gente.

LINEA DE LA SUERTE

Ver línea de la Fama o línea de la Fortuna.

LINEAS DEL DINERO

Son pequeñas líneas que surgen en el monte de Venus, y se dirigen hacia diferentes líneas de las manos. Se la considera hermana de la línea de la Salud, ya que cuando ella aparece, denota que la persona poseerá dinero.

LINEA DEL MATRIMONIO

Es una línea que puede encontrarse en el borde externo de la palma de la mano, por debajo del dedo meñique. La línea del Matrimonio, puede estar compuesta por una línea, o más. Cuando esta línea, es cruzada por otra, indica el fin del matrimonio. De la línea del Matrimonio surgen las líneas de los hijos. (Ver Línea de los Hijos).

LINEA DE LOS HIJOS

Son las pequeñas líneas que surgen de la línea del Matrimonio. Las líneas de los hijos son verticales, y su cantidad varía, ya que puede ser una sola línea, o más.

LINEA DE NEGOCIOS

También llamada línea de la Salud o línea Hepática. Se considera que esta línea tiene una gran relación con los bienes materiales, por lo tanto, un hombre que desee triunfar en los negocios debe tener una línea de los Negocios muy bien marcada. Ver línea de la Salud.

LINEA DE VIAJE

Son una o más líneas que pueden aparecer en el monte de la Luna. Estas líneas representan los viajes que realizará el individuo, sean éstos reales o viajes interiores.

LINEA DOBLE

Cualquier línea de la mano puede tener una línea paralela a ella, que la acompañe en todo su recorrido o solamente en algún trecho. Una línea doble es un signo de suerte, ya que otorga protección y, al mismo tiempo, hace que la línea a la cual acompaña, tenga mayor poder. En algunos casos las líneas dobles tienen sus propios nombres, por ejemplo, la línea doble de la línea de la Salud se denomina línea Cefálica (Ver Línea Cefálica, Línea Lasciva, Línea de la Salud, Línea de Negocios). Por la protección que otorga, para la Quiromancia las líneas dobles son sumamente importantes en el estudio de las líneas de una mano.

LINEA FLEQUEADA

Es la que posee una gran cantidad de pequeñas líneas que surgen de ella, en forma de flecos. La línea del Corazón, en general, es una línea flequeada. Cuando se analiza una línea con esta característica, dependerá el significado que encierra de si las líneas son ascendentes o descendentes. Por ejemplo, en el caso de la línea del Corazón, cuando las líneas son ascendentes significan que la persona tendrá grandes ocasiones para gozar del amor; en cambio cuando las líneas son descendentes denotan decepciones amorosas.

LINEA HEPATICA

Ver línea de la Salud y línea de Negocios.

LINEA HORIZONTAL

Se llama así a cualquier línea que, observando la mano levantada, corre horizontal al piso. Las dos principales líneas horizontales que pueden encontrarse en una mano, son la línea de la Cabeza y la línea del Corazón.

LINEAS MENORES

Son las que se consideran de menor importancia, que las líneas principales y secundarias. Son seis: los Brazaletes de Venus, La línea Lasciva, La línea de la Intuición, El cinturón de Venus, La línea del Matrimonio, La línea de los Viajes.

LINEAS PRINCIPALES

Son las más importantes de la mano. Están compuestas por la línea de la Vida, la línea de la Cabeza y la línea del Corazón. La línea de la Vida aparece en todas las manos; en cambio en algunos casos, la línea de la Cabeza y la línea del Corazón son una misma línea.

LINEAS SECUNDARIAS

Las líneas importantes que no son tan comunes se denominan líneas secundarias de la mano. Son tres y atraviesan la palma de la mano en forma vertical. Ellas son : la línea del Destino, la línea de la Fama, y la línea de la Salud.

LINEAS VERTICALES

Son las que, observando la mano levantada, corren en forma vertical al piso. Se considera que las líneas verticales son un buen signo. Las que aparecen más frecuentemente en una mano son la línea del Destino, y la línea de la fama.

LUNAS

Son los semicírculos de color blanco que se encuentran en la base de las uñas.

MANO CONICA

Es una de las formas que pueden tener las manos y las meas comunes. Se denomina así ya que tiene forma de cono. Las personas que poseen la mano cónica tienen una gran imaginación y una mente muy creativa.

MANO CUADRADA

Es una de las formas que una mano puede tener. Esta mano se reconoce por ser de forma cuadrada, igual de ancha que de larga. En general, poseen dedos también cuadrados.

MANO DERECHA

Es, en la mayoría de los casos, la mano hábil, en la que se encuentra representado el futuro de una persona.

MANO ELEMENTAL

Es una de las formas que pueden tener las manos. Se dice que la mano elemental pertenece a una persona primitiva. En ella existen pocas líneas, en general, solamente se encuentran las líneas principales. Muchas veces, la línea de la Cabeza y la línea del Corazón, se encuentran fundidas en una sola línea. Los dedos son cortos y se encuentran poco desarrollados.

MANO EN PUNTA

Es una de las formas que pueden tener las manos. Es la más bonita de las manos, fina, con largos dedos finos, y uñas con forma de almendra. Y se corresponde con las artes, con la literatura. En una mano en punta todos los dedos son también en punta.

MANO ESPATULADA

Es otra de las formas que las manos pueden tener. La mano Espatulada es la mano que es más ancha en su base, que en la punta. Esta mano se relaciona con la genialidad o con la invención.

MANO IZQUIERDA

En una persona diestra, es la mano que indica el pasado del individuo, o mejor dicho, lo que trae al nacer. En general, se lee la mano izquierda primero, y luego la derecha. Es normal, que las dos sean muy diferentes entre sí.

MANO MIXTA

Otra de las formas que pueden tener las manos. Se caracterizan por tener mezcla de formas, por ejemplo en una mano mixta los dedos son diferentes entre sí.

MARCAS

Son los signos que se pueden encontrar en las manos. Hay marcas que son buenas, y otras que son malas. Las marcas buenas son: el cuadrado, la estrella (excepto en la línea de la Vida), el triángulo. Las marcas malas son: la cruz, la isla, el punto, el círculo. También, existen otras marcas denominadas singulares. (Ver Marcas Singulares).

MARCAS SINGULARES

Son las marcas que tienen un significado en sí mismas, más allá del lugar de la mano donde aparezcan, es decir que su significado es independiente de las líneas, de los montes y de los dedos que puedan afectar. Las marcas singulares son: La cruz de la Batalla, la Cruz Mística, la letra "M", el Triángulo, la Cadena del dedo pulgar, el Anillo de Mercurio, el Anillo de Salomón, el Anillo del Sol, el Anillo de Saturno.

MARTE

Marte era el dios de la guerra. En Quiromancia, al igual que en astrología, representa el nivel de agresividad que posee una persona. Existen en la mano dos montes de Marte, el externo y el interior. La línea de Marte es paralela a la línea de la Vida que puede encontrarse en una mano, y cuando ésta aparece acrecienta la vitalidad del individuo.

MERCURIO

Mercurio es conocido como el mensajero de los dioses. Tanto en Astrología como en Quiromancia, se encuentra relacionado con las cosas prácticas de la vida y con los quehaceres diarios. El dedo meñique es el que se corresponde con este planeta y lleva su nombre; y el monte que se encuentra por debajo de dicho dedo, se denomina monte de Mercurio.

MONTE

Son las masas musculares, más o menos protuberantes, que se encuentran en las bases de los dedos. Tienen los mismos nombre que los dedos en los cuales se apoyan. Por debajo del dedo índice, se encuentra el monte de Júpiter, que indica la posición en la vida. Debajo del dedo mayor, se encuentra el monte de Saturno, que representa a la melancolía; debajo del dedo anular, se encuentra el monte del Sol, quien representa el éxito en las artes. Por debajo del dedo meñique, se encuentra en monte de Mercurio, que indica la abundancia y la vida terrena. Luego, existen los dos montes de Marte, superior y el

Inferior, cada uno de los cuales tiene diferente significado: el superior se relaciona con la agresividad de la persona, el Inferior con el autocontrol. El monte de la Luna se encuentra en el borde externo de la mano, enfrente del dedo pulgar, se relaciona con la imaginación que posee un individuo. El monte de Venus, está en la base del dedo Pulgar, circundado por la línea de la Vida, tiene relación con la sexualidad de una persona.

MONTE DE JUPITER

Se encuentra en la base del dedo índice. Este monte representa la ambición y poder de dominación de la persona. En él se ven las posibilidades de lograr las metas que tiene un individuo.

MONTE DE LA LUNA

Este monte es el que se encuentra en el borde de la mano, por debajo del monte de Marte y entre la línea de la Vida y la línea de la Cabeza. Este monte representa la imaginación de la persona.

MONTE DEL SOL

Es el que se encuentra en la base del dedo anular. Representa este monte los buenos sentimientos de la persona y su posibilidad de triunfar. También indica el amor por lo bello y por la tranquilidad.

MONTE DE MARTE

Existen dos montes de Marte. El primero monte de Marte se encuentra en el borde de la mano, por debajo de la parte superior de la línea de la Vida y por encima del monte de Venus. El segundo monte de Marte se encuentra en el extremo opuesto de la mano, entre la línea del Corazón y la línea de la Cabeza.

MONTE DE MERCURIO

Es el monte que se encuentra en la base del dedo meñique. Este monte representa el tipo de ingenio que tiene una persona y en qué lo aplica.

MONTE DE SATURNO

Se encuentra en la base del dedo mayor, representa la melancolía, la soledad. Se puede ver en él qué priva en el individuo, si la solidaridad o el egoísmo.

MONTE DE VENUS

Está en la base del dedo pulgar. Este monte es tan importante en Quiromancia que anula lo leído en otras líneas. Representa el amor, la pasión y la sexualidad.

NUDILLO

Los nudillos de los dedos es el área que se encuentran en la intersección entre falange y falange. Es un signo digno de estudio para la Quiromancia, ya que los dedos pueden ser lisos (sin nudillos), o con nudos. En los dedos existen tres nudillos, menos en el dedo Pulgar donde existen solamente dos. Se considera que cuando una mano es lisa, la persona es de temperamento tranquilo, mientras que si la mano es nudosa, su temperamento es nervioso.

PALMA

Es la parte de adentro de la mano, entre los dedos y la muñeca. La palma de la mano es el área donde se encuentran las líneas, los montes, y los signos. Es la parte de la mano que tiene mayor interés para la Quiromancia. De la palma de la mano se estudia el color, la firmeza, la cantidad de líneas y signos que posee, etc.

PLANO DE MARTE

Se encuentra justo en el medio de la palma de la mano. El monte de Marte está en el borde del plano de Marte, puede ser hundido, o en forma de protuberancia. Cuando este plano está hundido se lo denomina el pozo de la mano. Cuando el pozo es muy profundo, denota una personalidad insegura, temerosa. Cuando este plano es muy elevado, indica demasiada agresividad. En el Plano de Marte se encuentran el Triángulo y el Cuadrángulo.

POSICION DEL PULGAR

Es muy importante para la Quiromancia, observar la posición del pulgar en referencia con la mano. El ángulo que forma el Pulgar con la mano puede ser de diferentes grados depende del tamaño que tenga, para el significado de éste. Si el ángulo es amplio, la persona será generosa y de carácter abierto y extrovertido; si el ángulo es cerrado indica que será egoísta e introvertida.

PROFUNDIDAD

Es importante observar la profundidad con que cada línea se encuentra marcada en la palma de la mano. La profundidad es una característica muy importante para la Quiromancia, cuanto más profunda se encuentre trazada una línea, mayor importancia o peso relativo tendrá dentro del estudio de una persona.

PULGAR

Es el dedo que tiene más importancia para la Quiromancia, y marca un símbolo de evolución para el género humano. Es el primero de los dedos que se estudia. Esta formado por dos falanges, y en su base se encuentra el monte de Venus. El pulgar se relaciona con la voluntad. Cuanto más largo sea, mayor inteligencia tendrá la persona. Por medio del pulgar se mide el Angulo de Generosidad.

PUNTO

Puede aparecer en la palma de la mano. No es un buen signo. El punto puede ser de diferentes colores; justamente dependerá del color, el significado que éste tenga. Un punto blanco en las uñas indica que la persona tiene problemas nerviosos; cuando se encuentra un punto rojo sobre la línea de la Vida, hay que tener cuidado, ya que significa que se puede llegar a sufrir un infarto en algún momento, o hay riesgo de que esto suceda.

QUIROMANCIA

La Quiromancia es el arte de la adivinación por medio de la lectura de las líneas de las manos. A pesar de que la definición incluye solamente las líneas de las manos, hoy en día, cuando se habla de Quiromancia, implica la lectura de la mano como un todo, completa. Es decir que la Quiromancia también centra su estudio sobre los montes, los dedos y los signos.

RAYOS DE INFLUENCIA

Este es otro nombre que se le da a las líneas de Influencia, que se pueden encontrar en la palma de la mano. Estos rayos parten del monte de Venus y fluyen hacia el Plano de Marte, dando fuerza a las líneas que tocan en su camino, la línea de la Vida, la línea de la Cabeza, la línea del Corazón, línea del Destino, etc. Los Rayos de Influencia son líneas, pero se denominan frecuentemente rayos, ya que se asemejan a los rayos del sol.

TIEMPO

El tiempo se puede medir en las líneas de la mano por medio de la segmentación de ellas. La segmentación en general se hace en tres grandes grupos: niñez, juventud, adulto. Pero también es posible hacerla por años.

TRIANGULO

Es una figura que puede, o no, encontrarse en una mano. El Triángulo se forma por medio de la unión de la línea de la Vida, con la línea de la Cabeza, y con la línea de la Salud. En algunos casos, cuando no se halla la línea de la Salud, se la suplanta por la línea de la Fama. El Triángulo es considerado un signo de fortuna; cuanto más amplio sea mayor suerte tendrá el sujeto.

UÑAS

Son una parte de las manos, que tienen una gran relevancia para la Quiromancia. Cuando se habla de tamaño de la uña, se está hablando del largo desde que nace, hasta que termina el dedo. También se toman en cuenta los puntos blancos que pueden aparecer en la uñas. Otro factor importante es que las uñas posean, o no, lunas. (Ver Punto y Lunas).

VENUS

Es la diosa del amor y de la belleza. Y en Quiromancia, justamente, el monte de Venus representa al amor. Este monte se encuentra en la base del dedo pulgar, y está circundado por la línea de la Vida. El Cinturón de Venus representa la capacidad sexual de una persona.

VIA LACTEA

Ver línea Lasciva, o línea Cefálica.

⚜

EVALÚE SUS CONOCIMIENTOS SOBRE QUIROMANCIA

E l objetivo de este capítulo es que mediante una serie de preguntas usted haga la propia evaluación de los conocimientos adquiridos. Si no sabe la respuesta, no se preocupe, vaya al capítulo o sección respectiva y allí la encontrará. Use este libro como herramienta de trabajo, no es necesario que usted guarde en su cabeza todos los conocimientos sino que sepa dónde buscarlos cuando los requiere. Es más, el verdadero objetivo de este capítulo es determinar si usted sabe cómo buscar los conocimientos que necesita.

P R E G U N T A S

1 - La Quiromancia es:

a. El estudio de las huellas dactilares.
b. La adivinación por medio de la lectura de las líneas de las manos.
c. El estudio de las enfermedades de la piel que recubre las manos.

2 - Con respecto a lamano derecha y la izquierda la Quiromancia opina:

a. Que representan el futuro y el pasado de la persona. ❑
b. Que sólo debe leerse la mano izquierda, que es la del corazón. ❑
c. Que sólo debe leerse la mano derecha porque es la hábil. ❑

3 - Las manos llenas son:

a. Las que no se pueden leer porque tienen infinidad de arrugas. ❑
b. Las que tienen infinidad de líneas y símbolos. ❑
c. Las que casi no tienen líneas y símbolos. ❑

4 - La mano elemental corresponde a un ser:

a. Ordenado, metódico, que le gusta la rutina. ❑
b. Que posee gran cantidad de talentos. ❑
c. Trabajador y con inteligencia básica pero práctica. ❑

5 - Quienes tienen el dedo pulgar flexible:

a. Se adaptan fácilmente a los cambios. ❑
b. Tienen ideas rígidas. ❑
c. Son muy conservadores. ❑

6 - La autoridad está representada:

a. En el dedo pulgar. ❑
b. En el dedo índice. ❑
c. En el dedo meñique. ❑

7 - El dedo Meñique es el dedo de:

a. El amor. ❑
b. El poder. ❑
c. La sabiduría. ❑

8 - El monte de Venus:

a. Es el monte que se encuentra en la base del dedo pulgar. ❑

b. Es el monte que se encuentra en la base del dedo índice. ❑
c. Es el monte que se encuentra en la base del dedo meñique. ❑

9 - La ambición y el poder de dominación están representados en el monte de:

a. Júpiter. ❑
b. Saturno. ❑
c. Sol. ❑

10 - La línea del Destino:

a. Es una línea principal de la mano. ❑
b. Es una línea menor. ❑
c. Es una línea secundaria. ❑

11 - La línea de la Vida:

a. No puede faltar en ninguna mano. ❑
b. No puede ser corta en ninguna mano. ❑
c. No puede estar quebrada en ninguna mano. ❑

12 - El ángulo Supremo se forma cuando:

a. La línea de la Cabeza corta la línea del Corazón. ❑
b. La línea de la Cabeza nace junto con la línea de la Vida. ❑
c. La línea de la Vida termina en una horquilla. ❑

13 - Cuando en una mano no aparece la línea de la Salud:

a. La persona no tendrá problemas de salud, pero tampoco dinero. ❑
b. La persona tendrá mucho dinero pero su salud siempre le traerá problemas. ❑
c. La persona tendrá dinero y salud. ❑

14 - La línea de la Fama:

a. Debilita la línea del Destino. ❑
b. Refuerza la línea del Destino. ❑
c. Anula la línea del Destino. ❑

15 - La línea más importante de la mano es:

a. La línea de la Cabeza. ❑
b. La línea de la Vida. ❑
c. La línea del Corazón. ❑

16 - Para que una estrella sea de buena suerte debe tener:

a. Cuatro puntas. ❑
b. Cinco puntas. ❑
c. Seis puntas. ❑

17 - El círculo es:

a. Siempre un buen signo. ❑
b. Siempre un mal signo. ❑
c. Siempre un mal signo excepto en el monte del Sol. ❑

18 - Una cruz en el monte de Mercurio indica:

a. Deshonestidad. ❑
b. Solidaridad. ❑
c. Pasión. ❑

19 - El cuadrado en una marca es

a. De malos augurios. ❑
b. De protección. ❑
c. De crisis. ❑

20 - Los brazaletes son:

a. Símbolos de buena suerte. ❑
b. Símbolos de mala suerte. ❑
c. Indican la cantidad de hijos que una persona va a tener. ❑

21 - Una isla influye:

a. En toda la mano. ❑

b. No influye.

c. Sólo en el monte o línea donde aparece.

22 - Los Anillos de Salomón son una marca particular que indica:

a. Tendencia a la depresión.

b. Un fuerte llamado espiritual.

c. Sensualidad.

23 - Una línea vertical que corta la línea del matrimonio indica:

a. Que el matrimonio puede terminar de una manera abrupta.

b. Que la persona nunca llegará a casarse.

c. Que el matrimonio nunca será feliz.

24 - Una mujer con el dedo pulgar corto:

a. Le gusta mandar.

b. Necesita que la dirijan.

c. No soporta que le griten.

25 - Una mujer con el dedo meñique puntiagudo es:

a. Irónica y sarcástica.

b. Deshonesta.

c. Ahorrativa.

26 - Un hombre con el dedo anular largo y fino:

a. Es un ser pesimista.

b. Es infiel.

c. Es muy cálido.

27 - Para saber si una persona tiene problemas intestinales hay que observar:

a. El monte de la Luna, el monte superior de Marte y la línea de la Cabeza.

b. El color de uñas y manos.

c. La línea de la Salud, el monte de Mercurio, y la línea del Corazón.

28 - Quienes tienen un dedo pulgar bien desarrollado obtienen el dinero:

a. *Por hechos fortuitos.* ☐
b. *Ilícitamente.* ☐
c. *Trabajando.* ☐

29 - El Lazo y la Carpa son:

a. *Líneas menores.* ☐
b. *Huellas dactilares.* ☐
c. *Marcas singulares.* ☐

30 - El lazo Real es un patrón particular que indica:

a. *Una personalidad muy fuerte.* ☐
b. *Una personalidad muy débil.* ☐
c. *Problemas de conducta.* ☐

R E S P U E S T A S

1	b		**16**	b
2	a		**17**	c
3	b		**18**	a
4	c		**19**	b
5	a		**20**	a
6	b		**21**	c
7	c		**22**	b
8	a		**23**	a
9	a		**24**	b
10	c		**25**	a
11	a		**26**	c
12	b		**27**	a
13	a		**28**	c
14	b		**29**	b
15	c		**30**	a

INDICE GRAFICO

FIGURAS EXPLICATIVAS DE LAS
PRINCIPALES LINEAS DE LA MANO

MONTES DE LAS MANOS

**MONTE
DE VENUS**

**MONTE
DE MERCURIO**

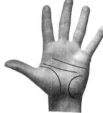

**MONTE
DE LA LUNA**

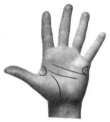

**MONTE DE MARTE
SUPERIOR E INFERIOR**

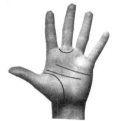

**MONTE
DE SATURNO**

**MONTE
DE JUPITER**

**MONTE
DEL SOL**

LINEAS PRINCIPALES DE LA MANO

**LINEA
DE LA VIDA**

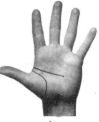

**LINEA
DE LA CABEZA**

**LINEA
DEL CORAZON**

LINEAS SECUNDARIAS

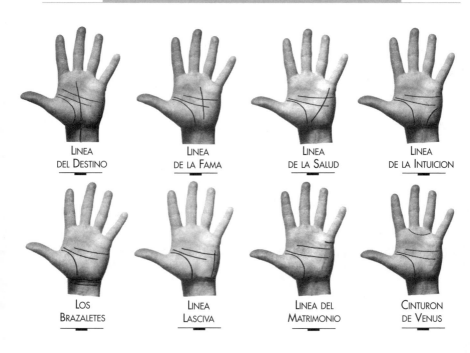

LINEA
DEL DESTINO

LINEA
DE LA FAMA

LINEA
DE LA SALUD

LINEA
DE LA INTUICION

LOS
BRAZALETES

LINEA
LASCIVA

LINEA DEL
MATRIMONIO

CINTURON
DE VENUS

LAS MARCAS DE LA MANO

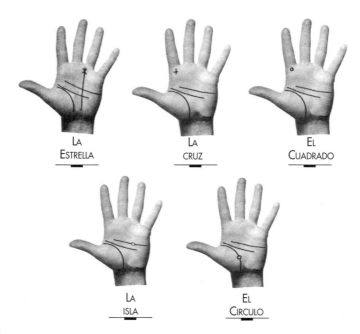

LA
ESTRELLA

LA
CRUZ

EL
CUADRADO

LA
ISLA

EL
CIRCULO

INDICE

PRIMERA PARTE

QUIROMANCIA TEORICA

LO QUE HAY QUE SABER
ANTES DE APLICARLA

SEGUNDA PARTE

QUIROMANCIA APLICADA

TERCERA PARTE